同未来一起行走

预言家

PROPHET

暗流涌动

透过非显著趋势预测未来

NON-OBVIOUS MEGATRENDS

How to See What Others Miss and Predict the Future

［美］罗希特·巴尔加瓦
Rohit Bhargava
著

陈有斌
译

中国工人出版社

图书在版编目（CIP）数据

暗流涌动：透过非显著趋势预测未来 /
（美）罗希特·巴尔加瓦著；陈有斌译.
—北京：中国工人出版社，2021.8
书名原文: *Non-Obvious Megatrends:How to See What Others Miss and Predict the Future*
ISBN 978-7-5008-7712-7

Ⅰ.①暗… Ⅱ.①罗… ②陈… Ⅲ.①职业选择—通俗读物 Ⅳ.①C913.2-49

中国版本图书馆CIP数据核字（2021）第168969号

著作权合同登记号：图字01-2020-7129号

暗流涌动：透过非显著趋势预测未来

出 版 人　王娇萍
责任编辑　王晨轩　左　鹏
责任印制　栾征宇
出版发行　中国工人出版社
地　　址　北京市东城区鼓楼外大街45号　邮编：100120
网　　址　http://www.wp-china.com
电　　话　（010）62005043（总编室）
　　　　　（010）62005039（印制管理中心）
　　　　　（010）62382916（工会与劳动关系分社）
发行热线　（010）82029051　62383056
经　　销　各地书店
印　　刷　天津中印联印务有限公司
开　　本　880毫米×1230毫米　1/32
印　　张　8
字　　数　200千字
版　　次　2021年10月第1版　2021年10月第1次印刷
定　　价　58.00元

本书如有破损、缺页、装订错误，请与本社印制管理中心联系更换

目　录

| 第一部分　非显著思维艺术 |

| 第二部分　非显著大趋势 |

| 第三部分　趋势报告回顾 |

第一部分

非显著思维艺术

引　言

我不是一个快速读者，而是一个快速理解者。

——艾萨克·阿西莫夫（Isaac Asimov）

1962年，罗伯特·唐森（Robert Townsend）解散了自己公司的广告部。他刚接手这家公司的时候，已经连续亏损十多年了。想扭转局势，需要大手笔的创意，但预算又不够。山重水复之际，罗伯特给纽约最炙手可热的广告代理公司的创意总监提出了一项难以完成的任务：“如何花费100万美元，做500万美元的广告?”广告巨头恒美公司（Doyle Dane Bernback，DDB）创始人比尔·伯恩巴克（Bill Bernbach）同意接手这项任务，要求给他90天时间研究，条件则只有一个：恒美公司提出的广告创意不容置疑，罗伯特·唐森必须签字认可，并不折不扣地加以执行。

罗伯特答应了。

恒美公司接手工作以后，举行了一系列焦点小组座谈，可讨论结果令人沮丧，企业品牌位居行业第二，但远远落后于独占鳌头的领军者，缩小差距的希望渺茫。默默无闻的广告撰稿人保拉·格林（Paula Green）另辟蹊径，努力探索广告宣传方面的创意想法。

众所周知，广告的黄金时代由男性主导，女性广告撰稿人实属罕见，但格林早已习惯了他人异样的眼光，在工作中不落俗套。在焦点小组座谈中，同事的发言让她灵光一现，写下了一句心直口快的品牌广告新标语："安飞士（Avis）是租车界的老二，所以我们加倍努力！"

唐森将信将疑，哪个品牌会花钱广而告之：我不是最好的，是行业千年老二？可唐森一诺千金，虽不大情愿，但也签字认可了该广告。

广告轰动一时。宣传开始后不到 12 个月的时间里，安飞士从年损 320 万美元扭亏为盈，赚了 120 万美元。有人预测，过不了几年，广告就需要更新，毕竟安飞士不会一直屈居第二。但没想到，该宣传标语成了员工们的战斗口号，也是他们未来五十年持久不变的品牌宣言。时至今日，这则故事还在业界广为流传，堪称史上最佳广告。

成为这样经典案例的原因何在？

这个问题引发了数十年的争论。有人说，这是因为品牌和广告代理之间确立了独特的信任关系。也有人认为，品牌标语很谦逊，让安飞士富有人情味儿，员工们深受鼓舞，真真正正地加倍努力，用心服务顾客。领导力专家则认为，这要归功于唐森广为人知的"以人为本"的管理风格。

格林则说，宣传行之有效的原因在于"针对一般自吹自擂的做法，反其道而行之"。她也不无讽刺地提出，女人在广告业也必须"加油"，这"有点儿像她的人生写照"。

她还说，大家可能忽略了故事中的一个细节，参加焦点小组座谈的几十个成员中，没人注意到“加倍努力工作”这条建议，更没人能理解这句话背后所蕴含的意义，只有保拉·格林对这条建议深有感触。

为何写此书

本书旨在培养人们敏锐的观察力，把握难以觉察的社会迹象。这种能力被称为创造力，世人对之大书特书。二十年前，我和一位男士在桌前面对面就座，他想要灵光一现，但并不想听我的话。我突然明白，要想解决特别棘手的问题，或者获得改变世界的创意，光有创造力是不够的。

2001 年，我在广告业工作还不到一年，但已经了解了行业等级。有些人是创意大师，头衔炫酷如“灯泡时光巫师”，而我们其他人都是无名小卒。

我不是创意大师。

我们所在的会议室位于办公大楼顶层，可以俯瞰悉尼（Sydney）的达令港（Darling Harbor），会议室定制了一张巨型的塔斯马尼亚橡木桌子。这种刻意的安排，令人望而生畏。

当我们展示颠覆性的创意广告时，感觉没人在意我在说什么，不禁暗自松了口气。起初，展示工作似乎进行得很顺利。可是，当会议要结束时，一位客户问道：“你们还有什么备选方案吗？”这完全出乎意料，真是倒霉！

两个月来，大家一直在筹备此次会议，创意团队坚信这个方案必定成功，甚至都没有什么备选方案。

面对发难，我们的反应真是可怕：一声不吭。

等我缓过神来，突然意识到，团队中资历最浅的“我”，在准备工作中一直在做笔记，是唯一一位对备选方案上了心的人。我鼓起勇气，打破沉默。那一刻，改变了我的一生……虽然也许不是你想象的那样。

我没有提出奇思妙想的创意，说实话我都不记得自己说了些什么，但我清楚地记得当时的感受。这是我第一次感受到不合群的滋味，我入了迷，还想再来一次。

不幸的是，创意设计方案还不是我的工作。与客户的谈判失败了，我觉得客户实际想要的就不是“创意”这个词所能形容的。

那时，我从阿西莫夫的作品中获得灵感，小说家库尔特·冯内古特（Kurt Vonnegut）曾问他：“无所不知是什么感受啊？”

为何慢读书

艾萨克·阿西莫夫一生多产，出版了将近500本书，广受赞誉。他在科幻小说领域推陈出新，最是广为人知。同时，还撰写了一本儿童恐龙科普插图读物、两卷详尽的《圣经》（*The Bible*）导读等各种书籍。平均每年可以编写、出版十多本书，兴趣广泛、能力全面。阿西莫夫的一生颇具传奇色彩，很小的时候就如饥似渴地博览群书，学习各种知识，这都要归功于他的创造性思维。

“我不是一个快速读者，”他曾说，“而是一个快速理解者。”

你要也能快速理解，会怎么样呢？

如今，想要遵从阿西莫夫的方法理解问题，是不可思议的。大家面对的内容目不暇接，并且大部分毫无益处，要区分废话和真谛几乎是不可能的。数字工具让生活更加便捷，即便有些观点过于片面、迂腐，人们也可以相互分享。诚然，废话就是废话，包装再好、行销再畅，都没有用。

面对铺天盖地的不良内容，算法和社交媒体上的肤浅观点帮我们去伪存真。在情急之下，我们也可以采用快速浏览策略。例如，看电视的时候按下快进键，打开快速阅读应用程序，每次闪现一个单词，向擅长“时间攻防”（time hacking）的效率达人看齐。

这些方法都不是长久之计。但希望高效理解学习内容，就好像参加一场享受美食的速食大赛，60 秒吃 26 个热狗可以填饱肚子，但可能会消化不良。

要想理解这个世界，不能一味地走马观花。你要把握重点，力行时，须用心，并能观察、理解和预测鲜为人知的社会潮流，这会怎么样呢？如果运用这种能力理解社会发展模式，把握机遇，培养对未来趋势的洞察力，又会怎么样呢？把各个部分拼凑在一起，能真正学会预测未来吗？

你能行的！本书就是要教大家怎么做。我把我的方法称为“非显著思维”（Non-Obvious Thinking），它可以改变你的人生。多年前，我在挪威度过了一个难以忘怀的下午，周围摆满了烈酒，我喝不了，突然意识到，“非显著思维”改变了我的人生。

挪威亿万富翁的启示

克里斯蒂安·林恩斯（Christian Ringnes）是北欧斯堪的纳维亚（Scandinavia）的富商，也是位派头十足的生意人，喜欢收藏艺术品，在房地产行业赚了第一桶金，后因推动与资助修建挪威奥斯陆（Oslo）的艾克伯格雕塑公园（Ekeberg Sculpture Park）而广受好评。但是，他给世人留下的遗产源于其特殊的成就：独立收藏了全世界最多的小酒瓶。

林恩斯几十年痴迷于此，直到遇到他的妻子丹尼丝（Denise）才发生了改变。由于这些藏品摆放得乱七八糟，丹尼丝忍无可忍，给他下了最后通牒，把他收集的52000个瓶子想办法利用起来，否则就卖掉。收藏家都是痴迷的，林恩斯也不例外，一想到要告别心爱的瓶子就感到难受。当然，结果正如您所料，林恩斯做了作为挪威地产大亨应该要做的事情，给瓶子建了一座博物馆。

如今，他这座“迷你瓶展览馆”（Mini Bottle Gallery）是举世闻名的怪诞博物馆，经常出现在各种另类旅行指南中。我前往参观时，发现展馆的游览路线井然有序，每个展室都各具特色，瓶子分门别类，包括从由青楼得名的“罪之室”到酒瓶里漂浮着老鼠或蠕虫的“惊骇屋”等各种诡异主题。

更重要的是，迷你瓶展览馆悉心策展，提供与高水平博物馆一样的参观体验。不论什么时候，只展出大约20%的藏品。每间展室都在讲述着一个故事，每个故事都生动有趣，这样用心的策展让整座博物馆意义非凡。

傍晚时分，我走出展馆，意识到这种策展思想非常重要，也许有助于我做好自己的工作。想法是需要日常积累的，并非随手可得，而这恰恰是赢得客户满意的秘诀，但具体该怎么办呢？

我如何成为想法策展人

时间回到2005年，我所在的团队承担了一项任务——打造世界上最大、最成功的社交媒体团队。当时，社交媒体基本只有博客，因而我们的服务就是帮各大品牌吸引博客用户。

当时，觉得写博客很简单，便决定自己开一个。最初几个帖子写得很轻松，但很快就江郎才尽了。

每天都要工作，已经占据了大部分的时间，还要写新帖子，不断更新我这仓促创建的博客，该怎么办呢？我需要更好的办法搜罗更新博客的想法。

于是，我开始到处寻求想法。首先，我给自己发一些故事的电子邮件链接，收集创意。在小纸片上，飞快地写下可用的博客话题。从书上摘抄经典文段，撕下杂志内容保存好。随着收集的内容越来越多，便用一个简易的黄色文件夹装起来保存，并在标签上草草地写下“想法”一词。文件夹很快就用破了，便把一块旧胶带贴在裂缝上，粘在一起，又可以用了。

这还真有用！我现在才思泉涌，下笔如神，每天不时地发一个新帖，一直坚持了四年。

四年间，我写了一千多篇文章，收获了几十万名读者。博客还因此获得了几项大奖，让社交圈子越来越大，最后助我赢得了麦格劳希尔（McGraw-Hill）的业务。2008 年，合作出版了第一本书《匿名的香蕉为什么不热销》(*Personality Not Included*)。

两年后，我做了一件事，影响了我未来十年的人生。

《非显著趋势报告》的诞生

2010 年末时，我一篇一篇地浏览文章，想要了解来年的社会趋势。发现这些文章都很冗赘、空洞、唯利是图，一本正经地说些明摆着的事儿。一篇文章声称，接下来这一年最热门的将会是 iPhone 4；另一篇则提出，会有“更多的人在社交媒体上各抒己见”；还有一篇预测说，2011 年将会是“无人机年”，其实这是一家无人机制造公司首席执行官撰写的文章，根本不足为奇。这些都不是趋势，而是对世事的观察评论，平淡无奇，尽人皆知。

他们一厢情愿地打着如意算盘，充其量也就是想掩人耳目，推销自己的产品与服务体验，指望人们认同趋势，从中渔利。为了做得更好，我凑合着出版了自己撰写的 15 种趋势，将其称为《非显著趋势报告》。书名不太委婉，直接批评了那些已是再清楚不过的趋势预测。

成千上万的人阅读、分享，报告迅速蹿红。

当初不过是 20 页的演示文稿，在网络上与大家分享后，经过五年不断地丰富发展，最终形成了一份涵盖研究、访谈、主题讨论的年度趋势报告。在 2015 年，报告开始印刷出版，也就是现在你手里的这本畅销书。

在这期间我从奥美集团（Ogilvy）辞职，创办自己的公司，数次登上国际舞台发表演说，一直坚持每年一月更新趋势，出版一本新书。十年过去了，我的书出版了九次，非显著趋势资料库不断壮大，收录了一百多项趋势。如今，这本书已被翻译成八种语言，获得了九项颇具声望的国际图书大奖，读者远逾百万。他们也赋予我另一种身份，一个令人纠结的头衔：未来学家。

为何当一名勉为其难的未来学家

未来学家们着眼当今世界，预测将要发生的事情，让我深受启发。例如，在读著名未来学家乔治·弗莱德曼（George Friedman）的《未来百年》（*The Next* 100 *Years*）时，我就好像在读一本精彩的科幻小说，如痴如醉，又仿佛在阅读如何开发自身潜能的内容，领悟其先见之明。在书中，乔治预测 2060 年可能会开启“黄金十年”（Golden Decade），这些才是未来学家应该研究的内容。

相比之下，我和我的团队研究趋势是要帮助品牌和行业领导者了解飞速发展的社会形势，并做出及时合理的决定与判断。这就是为什么我一直觉得“未来学家”是一顶高帽。

在过去的访谈中，我宁愿称自己为“近未来学家”，毕竟我的镜头一般聚焦于当前影响人类行为或信念的趋势。不过，这并不意味着我的年度趋势预测寿命短。其实，预测准确的趋势愈久弥显。

如何阅读本书

我和我的团队做趋势预测已有十年，发现有的趋势影响力越来越深远，形成了新文化、新行为，而其他的则黯然消退。

我们将结合十年的研究，吸纳最有意义的趋势和故事，以及更为广阔的背景，来满足当今世界的迫切需要，培养更多的非显著思维者。

第一部分先介绍非显著思维者的五种关键心态，然后详细解释我独有的干草堆法（Haystack Method），此法可策展趋势，将想法付诸实践。

第二部分重点预测十大强劲趋势。这些趋势将影响未来十年的社会发展，涵盖了文化、商业、职场和人文素养等各个方面，每一章也会探究各种大趋势对现实世界所产生的潜在影响。

第三部分回顾了过去九年中的所有趋势并对每一项趋势影响力进行了评级，还将介绍报告发展过程中的背景故事。

通读全书，你能学习成为非显著思维者，其好处远远不止于能够识别趋势，更能开阔眼界，顺势而为，助你当断则断，不为所乱。

不论名片写着什么内容，非显著思维可以培养最具创造力的个体，再困难的问题也能帮你解决。最重要的是，非显著思维可助你预测未来，预知未来，赢得未来。

最后，你要记住，不必成为一名快速阅读者，提高理解力才是更有意义的事情，我希望本书能帮你赢得未来。

第一章　非显著思维者的五种心态

我阅人千千万……令人惊讶的是很多人有机会也不学。

——卡罗尔·德韦克（Carol Dweck）

我坐在教室里，25位同学惶恐不安。

当时，我作为乔治城大学（Georgetown University）的教授，给学生们专讲演讲与口才。新同学先自我介绍，大多数一开口就声称，自己不擅长公开演说。接下来几年里，每个班开课时的情形都如出一辙。

年复一年地审视大家课程前后的进步，一种规律便显现出来。一开始就说自己口才不好的同学，最后取得的进步也是最小的。某种程度上，这是有道理的。有些人是天生的演说家，口才就是好，对吧？

但让我颇为吃惊的是，这种差异与口才好不好根本不相关。其实，有的同学习惯性地高估自己的技能，而另一些同学似乎很矜持，不大显山露水。成功并非由天赋决定，还有别的东西值得关注。

斯坦福大学大名鼎鼎的心理学教授卡罗尔·德韦克给出了一种解释。德韦克和小学生们相处数十年，采访了大量职业运动员，还研究了商界领袖，发现有些人可以发挥潜能，成就自我，而有些人则始终不得其志。

德韦克认为一切归根结底都是个人的心态。她提出，大多数人要么有成长心态，要么有固定心态。固定心态者认为自己的能力一成不变，觉得自己这行，那不行，总是专注于自己觉得有天赋才干的工作与职业。成长心态者则相信，成功需要学习、努力和坚持不懈，并认为自己能够通过努力挖掘全部潜力。因此，他们在挑战中成长，通常十分热爱学习，认为失败不过“违停罚款，不会车毁人亡”，会更加不屈不挠，更为自信，总是快乐常在。

学习非显著思维，首先得端正成长心态，但光有心态还是不够的，有些人能见他人所不见，识他人所不识，其他人则因循守旧，故步自封。

过去十年里，我一直在研究非显著思维，调查了成千上万位思想家、商界领袖和作家的心路历程。他们每位都是成功人士，许多人还是行业革新背后的领军人物。我发现，除了具备成长心态，这些非显著思维者还养成了五种心态，促使自己和事业面向未来，无出其右。

非显著心态一：善于观察

处处留心，培养观察力，见他人所不见，识他人所不识。

一天，我逗留在登机廊桥，等待领取登机口检查过的手提袋。最初送来的袋子好像个个都有黄色柄套，于是我询问同行的朋友。他说这些套子都是美国联合航空（United Airlines）签发的，附在贵宾级空中货物上，告诉地勤人员后，会优先递送这些行李。我想到自己家里也有同样的套子，但从未想过要加在自己的行李袋上，因为觉得它没用。

接下来一周，我开始用了起来。不出所料，我的行李和其他旅行常客的行李一道先行送达，节约了也没几分钟，这对我的人生有所改变吗？当然没有，但我那天的旅途体验的确好了那么一丁点儿。几十次旅程下来，节约的时间可不是小数。

机警善察不仅要着眼于大事，还要培养自己留心细微之处。在某种情况下，你都觉察到他人忽略了哪些事情呢？从察觉到的细节中，学到了什么呢？了解了新朋友、新办法、新公司？这些知识能为你所用，助你成功吗？——虽然赢得的只是比其他人快那么一丁点儿取到行李这样微不足道的好处。

提高观察力的方法

1. 给孩子们讲解生活中的点点滴滴

磨炼观察力有一种最好的办法，那就是给孩子们讲解生活中的点点滴滴。譬如，最近我的孩子问我，为什么工程车辆和交通标志是黄色的，而大多数汽车却不是？对于这样的事，我之前可能从不上心，现在则要仔细想想。（答案：黄色物体远距离易见，并且在美国文化里，大家认为黄色会让人联想到“小心”或“警告”一类的提示标志。）

2. 观察工作过程

人们在生活中有很多交流互动，从咖啡师如何煮咖啡到谁能乘机升舱，都受到某种神秘系统的控制。下次你遇到来自不同专业领域的企业或员工的时候，要处处留心。观察他们的工作有哪些流程，每个人的做事方式有何不同。这些都不能视而不见，听而不闻，要用心观察，这样你才能见他人所不见，识他人所不识。

3. 收起通信设备

通信设备最容易让大家无视生活小事。日常沿街步行、赶地铁时，不要老盯着手机屏幕，可以把手机收起来，四下看看。可以关心下周围有趣的事情，观察人们的肢体语言，与陌生人聊聊天。

非显著心态二：好奇求知

想问就问，潜心学识，走出熟识区，别把好奇心给弄丢了。

比雅尼·何尔约夫森（Bjarni Herjulfsson）本可以成为世界史上最著名的探险家，却早已被世人忘却。

公元 986 年，何尔约夫森从挪威出发，一路漂洋过海，最终发现了格陵兰岛（Greenland）。其实，何尔约夫森的船在探险中遭遇了暴风雨，偏离了航线，眼看就要到北美大陆了，即将成为欧洲第一艘探险北美大陆的船只。船员们百般恳求，希望停下来一探究竟。但何尔约夫森全然不顾，指挥船只重归航线，最终只发现了格陵兰岛。多年以后，他向好友莱夫·埃里克森

（Leif Erikson）讲起这一奇遇，让其深受启发，买下了他的船，出海寻找北美大陆。

现如今，埃里克森被认为是第一位登陆北美的欧洲人，而500年后，克里斯多弗·哥伦布（Christopher Columbus）才在巴哈马群岛上岸，宣称其发现了美洲大陆。相比之下，何尔约夫森却默默无闻。故事生动地告诉我们，好奇心很重要，是探索未知世界的先决条件。

人类天生好奇，但由于常把好奇心与大脑无法集中注意力混为一谈，故将其隐藏起来。毕竟，循规蹈矩比探索未知世界更容易，甚至有时我们的学识也会“帮倒忙”。例如，我们对某些方面了解得越多，就越难以跳出条条框框，越难创新思维、开阔眼界，心理学家把这种现象称为“知识魔咒”。

这里有三种方法可以点燃好奇心的火苗，破除这魔咒。

增强好奇心的方法

1. 多接触“烧脑媒体”

我们周围充斥着各种低俗的东西，从博客八卦到真人秀，无聊人做无聊事，真讨厌！低俗的内容不管多么搞笑，多么让人欲罢不能，只会让人日渐消沉，失去了好奇心。与之相反，一定要关注能激发好奇心、启迪思维的内容与经验。看一场精彩的TED演讲，读一本你所知甚少的书，参加一场颠覆认知的专题讲座。

2. 阅读不同类型的杂志

有些方法可以让我们通过别人的眼睛来了解世界，而我就最爱漫无目的地翻阅杂志，了解外界文化。例如，《摩登农夫》（*Modern Farmer*）、《太平洋标准》（*Pacific Standard*）和《单片眼镜》（*Monocle*）就是三本内容截然不同的杂志。随意浏览杂志里的故事、广告和插图，摆脱自我陶醉的虚幻世界，胜过任何耗时 10 分钟的娱乐活动。

3. 刨根问底

几年前，我受邀出席涂料行业的活动并发表演讲。我早早赶到，漫步展厅，问了一大堆问题。在短短 30 分钟里，我就了解到油漆要怎么调色，为何业界对全塑罐和铁罐孰优孰劣争执不休，电脑配色系统对销售有何影响。类似的经历数不胜数，我经常与不同行业的技术人员交流经验。这也让我对许多领域有所了解，让我在演讲时从容自信。好奇心让我胸有成竹，在任何领域都可以获得成功。

非显著心态三：反复无常

有趣的想法留着最后用，不要急于分析研究。

一般来说，反复无常不算好事。不过，当创意来敲门时，学会刻意善变，也有着积极的一面。为了便于解释，可以用航空公司会员的飞行里程为例。你坐飞机，肯定不会刚凑够几千英里的行程，就兑换使用。而是积累到足够的里程数之后，再兑换机票。如果这样积累好想法，将会有什么效果呢？

首先要克服冲动，不能急于求成，一有想法就要用。这看似有违常理，毕竟在发现一个好想法时，为什么不抓紧时间进行研究分析呢？

老练的引导师和创意教练都会告诉你，扼杀“头脑风暴”的最佳方法就是专注于个人想法。构思后需要时间来消化理解，再行分析，否则将毫无成效。通常，各种好想法的意义以及彼此之间千丝万缕的联系，只有将其置于脑后，才能识得庐山真面目。不要着急分析这些想法，你定会思如泉涌，获得更多的创意与想法，并看清其内在联系。

一本书搁在书架上很长时间，突然打开一读，你就能体会到反复无常背后所隐藏的力量。书买来就读，也许效果并不理想，放在书架上，先别管它，待万事俱备，再行领悟探索。

反复无常并不是指想法飘忽不定，也不是说大脑无法集中注意力。而是让你摆脱压力，不必马上弄清各种想法之间的内在联系，等想法积累起来后，再来分析，会更加轻松容易。

提升反复无常的方法

1. 线下收藏想法

数字化笔记软件可以储存信息，但大多数都会重点关注新增内容，隐匿其他信息。虽然我也使用手机上的笔记应用程序，但我会把杂志上的故事撕下来，放入书桌上的“创意”文件夹中。这样就会让我同等对待每个想法，无论时间早晚，也方便我晚些时候在桌上摊开重新阅读。这是干草堆法的关键步骤，在第二章中会重点介绍。

2. 给自己设定时限

为避免过度解读想法，可以用计时器设定你要花费的时间。这种方法会有助于清除杂念，助你更加迅速地评估想法是否值得收藏，是否需要进一步研究分析。

3. 笔记简练

一年下来，我都会收藏很多文章和故事，通常会匆匆记下几个词语，以免忘记收藏的原因。在读书的时候，我也会用彩色贴纸标出有意思的章节。阅读时，我一般尽量使用三福（Sharpie）记号笔，因为它写出的字体更粗、更突出，迫使我当机立断，做出最具有价值的判断与思考。

非显著心态四：深思熟虑

从容培养寓意深刻的观点，多中选优。

互联网充斥着各种无益、狭隘、不成熟的想法与片面的观点。

如果要快速做出回复，不管你有什么想说的，深思熟虑就很难做到。当和朋友同事聊天，回复电子邮件或博文，甚至和店员、企业代表攀谈的时候，我们很多人急于发表自己的观点，只不过是为了抢先打破沉默而已。

想要深思熟虑我们就需要时刻提醒自己，多关注身边人的想法与观点，尤其是思维方式与我们迥然不同的人。阅读时应该带有目的性，需要深究同一故事的不同版本。例如，经常关注同一件事的不同报道，可以让自己的视野更加开阔。

提升深思熟虑的方法

1. 慎言多思

不管是线上交流还是当面攀谈，都应该从容应对，三思而后言。这样做不仅不会言不由衷，还可避免失言失态，因为你已经考虑过别人会不会误解你的想法了。

2. 经常改写

才华横溢的作家会潜心创作，如果对作品不满意，甚至还会全文重写，不会直接发表初稿。编辑和改写的过程可能费时费力，如果你有同感，请记住，写作最吸引人的部分是对白，万一拿不稳，就读一读，看写的内容是不是朗朗上口。

3. 多做停顿

演说家需要多年练习，才能从容应对沉默。有效利用停顿，可以突出讲话的重点，无论与人交谈，还是上台演讲，这个方法都适用，可以让你从容、清晰地表达自己的想法，使语言流畅、逻辑清晰的演说家不惧沉默。

非显著心态五：简洁凝练

可以用更优美、更从容、更简洁、更通俗易懂的方式来表达想法观点。

大自然真奇妙，连水母也能带给人灵感。科学家杰夫·卡普（Jeff Karp）既是波士顿布列根和妇女医院（Brigham and

Women's Hospital）的生物工程师，也是哈佛大学医学院（Harvard Medical School）的医学教授，重点研究如何利用大自然的生物灵感研发设备，以应对形形色色的医学难题。以他名字命名的卡普实验室（Karp Lab）已经研发出多款新设备。例如，根据水母触须开发出了一种可以捕获癌症病人循环肿瘤细胞的医疗设备，还受豪猪刺的启发改进了吻合器。

虽然卡普的研究致力于从奇妙的大自然中获取灵感，但同样的方法也可以运用于描述想法。表达想法最重要的是简洁，去赘言，凝思想，才能通俗易懂。

提升简洁凝练的方法

1. 保持简洁

简洁与优雅密不可分。表达自己的想法，通常语言越精练越好。众所周知，专业人士的标志是透彻地理解行业知识，并能用简练的语言向外行人解释清楚。

2. 诗意行文

诗人用比喻、意象、押头韵等方法来传情达意。怎么用撩人的话语赢得读者，又不落入俗套呢？不要老说“真棒”“了不起”，为什么不用“叹为观止”“不可思议”“呼风唤雨”“令人敬畏”这样的词语呢？上网就能搜到，还能用词更准确、更贴切。

3. 复杂问题碎片化

把复杂问题细化、碎片化，有助于理解与表达。飞机起飞前，飞行员会根据检查单逐项检查飞机，确保航行安全。此法虽然程序烦琐，但不失为一条妙计。

习惯的影响力

以上这五种心态可以培养发散性的思维方式，摆脱毫无创意、平淡无奇的惰性思维。拥有这样的心态，不论是看书、看电视，还是与人沟通交流，都会更加容易发现事物之间的联系与规律。在观看媒体评论和沟通交流中，都能洞察其间千丝万缕的联系。你会发现自己比同龄人更有洞察力，能见他人所不见，识他人所不识。

养成使用这五种心态的习惯，你可以轻松地提升非显著思维到更高的境界：识别有创意的想法和模式，策展形成深刻见解，助你赢得未来。在下一章，将会给大家介绍如何学习和使用“干草堆法”。

第二章　干草堆法策展非显著想法

预测未来最好的方法是把握当下。

——约翰·奈斯比特（John Naisbitt）

1982 年，《大趋势》（*Megatrends*）这本书刚刚发行，就立刻改变了人们思考未来的方式。虽然在 25 年后才读到这本书，却给予我无限灵感。

在书中，作者约翰·奈斯比特预测人类会从工业社会发展到信息社会，这比互联网的发明还要早十多年。此外，他还预言城市关系将从等级体系演变至网状结构，以及全球经济的崛起。尽管这本书充满毫不妥协的美式乐观主义，但奈斯比特所提出的十大趋势多遥遥领先于世界发展。甚至在该书首次出版时，有评论家热情洋溢地称其“近乎完美，如魔法水晶球”。这本书在全世界卖了 1400 万册，时至今日，仍然是过去 40 年间有关谈论未来发展的畅销书。

奈斯比特之所以获此盛誉，是因为他坚信观察与好奇心的力量。在采访中，朋友和家人常说他“对人类、文化和企业都有着强烈的好奇心”，甚至发现他还有扫读的习惯，从《科学美国人》（*Scientific American*）到佛教杂志《三轮》（*Tricycle*），经常浏览“几百种报纸和杂志，以获取灵感创意”。

如今，奈斯比特90岁了，仍在收集想法。他总是说，要想预知未来，必须从现在开始，更好地理解当下。

可惜，理解当下绝非易事。当大家都不遗余力地向你兜售精美的外包装，难免买椟还珠，让你很难看清趋势，把握时代脉搏。很多人思考未来会遇到一个陷阱，对转瞬即逝、毫无意义的现象大费周章。

不幸的是，大多数人不明白什么是趋势，什么不是趋势。那么在一开始我就下个定义：趋势就是对现今瞬息万变的社会发展的策展观察。

趋势与潮流有何不同？

趋势助我们预测未来，改变我们的所想所为。问题是，很多所谓的趋势实际上是短命的潮流，两者之间的界限模糊不清。有些趋势可能表面上聚焦流行文化与热门事件，而实际上则反映了随着时间推移而变化的人类行为与信仰。潮流则很短暂，红极一时，持续时间不长。主流趋势揭示了一段时间内的社会变化，但绝不会转瞬即逝，并且其基本观点也非常重要。

好趋势不会关注某个网红产品或热门事件，而是聚焦于人类行为发展与信仰变迁。例如，几年前，有人问我，3D打印的兴起是趋势吗？我说不是，但我认为“创客运动”定会席卷全球（3D打印当然有助于此）。很多人努力把创意变为现实，成就一番事业，这才是值得关注的趋势。

趋势预测是预测未来领域中常能听到的术语。此语告诉我们，趋势显而易见，等你观察，等你分类，就像候鸟在静候观鸟爱好者。趋势预测者常常用心发现有趣的事情或者其他令人印象深刻的东西。

趋势预测不同于识别现实趋势。当被妙趣横生的故事所吸引时，你会收集想法，而忽略其中更深层的含义。把收集的各种想法等同于趋势，就好像说架子上的鸡蛋、面粉和糖已经是一块美味的蛋糕了。虽然看到了配料，但是真正的趋势只有经过策展才能发挥其作用，就好比备齐了配料，但蛋糕还须烘焙。

趋势预测者神秘莫测，以至于很多人认为识别趋势犹如干草堆里找细针。这种说法早已是陈词滥调，我也深受启发，将我的趋势策展过程命名为“干草堆法”。

干草堆法

在策展趋势中，干草堆法要先收集故事与想法，按照含义将其分门别类（干草），然后再分析每一门类，看其是否可以揭示潜在的趋势（针）。

第一步：收集

收集乃训练有素之为，在搜索故事与想法的同时，还要记下为什么这么有趣。

各种媒体信息泛滥，哪里有什么价值可言。最好的办法是养成习惯，收集最有趣的故事，以便日后研究。

在收集的过程中，笔记本、文件夹和手机应用程序都不是最重要的。关键是在收集的过程中，要记下这些故事哪里有趣，日后研究时，笔记才会发挥更大的作用。

写笔记时，切记以下原则：

1. 关注重点

做笔记时，不要每句话都做标记，也不要对所有的文章和想法都做总结，而是应该关注这些想法为什么让人念念不忘或收藏时的看法。

2. 添加便笺框

便笺框助你轻松浏览笔记。在笔记旁边加上便笺框，写下几个关键词，提示你记下文章、想法的原因。例如，在框里，你也许会写下“好想法”或“待读之书”，以便后续可以快速浏览，找到你想深入研究的问题。

3. 思考运用方法

收藏时，需要思考文章或其他内容里的想法该如何运用。现在想不明白，也没关系。但你要真有想法，务必记下，以免忘记。

经典案例

几年前，我读到一则故事，在19世纪的欧洲，人们普遍将西红柿认作“毒苹果”。结果发现，番茄中的有机酸会与欧洲贵族所用餐具中的金属铅发生化学反应，导致铅中毒。虽然这则故事年代久远，但是我感觉可以与现实生活中的某些方面结合起来，就将其记了下来。几个月后，当我撰写“开明消费”（Enlightened Consumption）趋势时，番茄趣闻就成了完美的开篇故事。

关于收集想法的建议：

1. 创建文件夹

我的办公桌上放着一个文件夹，里面有手写笔记、从报刊上剪下的文章、网络素材的打印件、会议宣传册和广告封面。文件夹不仅帮我构思想法，还是策展趋势的重要组成部分。

2. 设置时间表

我从每年一月开始策展想法与观点，并在十二月出版报告。这么多年过去了，随着时间的推移，我策展趋势的过程形成了固定的时间表。你不必严格遵守时长，但可以制作具体的计划表，按时回顾与总结，只有这样，你的努力才不会白费。

3. 寻观念，而非结论

在收集想法和故事时，不用过于纠结它们的价值与意义，也不用理解深层含义。通常，最好的办法就是在收集保存你的想法和文章后，不要停下，继续下一项工作。随着时间的推移，你会拥有更为深刻的认识，只要有耐心，规律会自然而然地浮出水面。

第二步：集聚

集聚是将想法分门别类，同时发掘出共同的主题。

把想法收集起来后，你需要了解它们之间的内在联系。以下几个问题可以助你发现各种想法之间的联系：

· 故事描述了哪些群体或特定的年龄段？

· 故事揭示了哪些人类潜在的需求或行为？

· 故事为什么有趣？从哪里体现出来？

· 故事描述的社会现象如何影响着各行各业？

· 是什么让故事变得如此生动有趣？

本阶段不应按照行业或话题对想法进行分类，而是应该根据动机或者共同点。此阶段的目标是将想法和故事梳理分类，形成有意义的群组，以便后续分析研究。

经典案例

去年，我收集了几则故事，多数是关于自闭症员工的。星巴克（Starbucks）最近开设了数家由听力障碍者和聋哑人担任员工的咖啡店，时尚杂志的封面人物也换成了白癜风（一种脱色症状）模特，营销商的图片素材库也出现了有色人种模特。虽然这些故事分属于不同的行业，受众群体也有着天壤之别，但我觉得它们有着共同的主题："多元、残障和无所不包。"在 2019 年的报告中，我将白癜风模特写入了"创新妒忌"（Innovation Envy）趋势之中，而聋哑人咖啡师则成了"企业同理心"（Enterprise Empathy）趋势的一部分。剩余的几个故事将作为经典案例，在本书的第八章"人味模式"（Human Mode）大趋势中会再次出现。

关于集聚想法的建议：

1. 关注需求

关注故事和想法里的深层次情感，可以帮助我们明白其重要性以及与其他想法的关系。例如，归宿感是人类最基本的心理需求，不论是在社交平台上传照片，还是在网络社区注册账号，都有着它的身影。

2. 了解显而易见的事情

在探索非显著趋势的过程中，了解生活中常见的事情也是有意义的。例如，你可以利用显而易见的共同点将文章和故事进行分类（比如关于可穿戴技术的新闻报道），帮助你了解其中蕴含的深刻哲理。

3. 相信直觉

在培养观察力的同时，你会发现自己的直觉越来越准，有的故事不知何故就是感觉很重要——即使你还言不清道不明。相信自己的直觉，别忘了收藏这则故事，其意会后续自现。

第三步：升华

升华就是要识别想法分组后的潜在主题，进而获得一个更广泛的概念。

完成前两步后，你可能会面临我每年都会遇到的麻烦：各种可能性太多了。这很正常，集聚想法之后，会出现很多趋势选题，同时也表明你还有很多工作需要做。

在第三步中，我们的目标就是将各种想法联系起来，最终形成某种内涵深刻、影响力深远的趋势。也正是在这一步，我获得了突破性想法。

为了升华想法，请思考以下问题：

- 这些想法的哪些方面让你最感兴趣？
- 之前的分析有遗漏吗？
- 这些故事的共同点是什么？
- 是否有想法可以涵盖各行各业的故事？

第三步可能是干草堆法最具挑战性的一步。在整合想法的过程中，可能会在不经意间将其变为更广泛、更平淡无奇的话题。因此，在这一步中，你应该提出能够涵盖各种故事的奇思妙想。

经典案例

几年前，我从新闻报道中得知，汽车制造商、电影院和软件供应商都在尝试订阅制商业模式。与此同时，不论是网上的床垫供应商，还是俄勒冈州波特兰市（Portland，Oregon）的食品配销中心，配送商品与提供服务的方式新颖独特，创意十足。这些创意想法经过升华形成了 2015 年的“颠覆渠道”（Disruptive Distribution）趋势。

关于升华想法的建议：

1. 挑用常词俗语

当你回顾各种想法和故事时，要用关键词概括和反映它们的共同主题。例如，我在收集关于创业的想法时，“快速”一词总是浮现在眼前，它描述了不断发展的创业生态系统，也让我把零散的概念整合到一起，最终推出了“即刻创业”（Instant Entrepreneurship）趋势。

2. 聚焦相关行业

尽管我告诫自己不要按行业领域对想法进行分类，但仍会走进这一误区。我会将相关行业的想法结合起来，开拓思路想法后，仍然会把目光聚焦于某一方面的故事。当我认识到一组想法的时候，总会寻找其他特定行业的想法，将其进行整合。这样做会开拓思路，帮助我们消除不经意间产生的行业偏见。

3. 向“钱”看

趋势的潜在驱动力与商业利益密切相关。沿着这一思路，可以让你厘清思路，明确目标。

第四步：命名

命名是描述想法的艺术，要易于理解、过目难忘。

趋势命名就像给孩子取名字，你会考虑名字是否会在生活中遭到他人嘲笑，然后选取寓意美好的名字。同时，好名字应该简明扼要地传达趋势的含义，让人过目难忘。

趋势命名要么让人印象深刻、回味无穷，要么很快被世人遗忘。我出版的第二本书《喜好经济学》（*Likeonomics*）因书名而迅速爆红，并且在 2011 年，将其定义为一种趋势。书名创意十足，吊人胃口，读者很快就会被吸引住。

干草堆法中，趋势命名可能最具挑战性，也最耗费时间。若想做好，请回答以下几个问题：

· 名字鲜为人知，还是脍炙人口？

· 名字是否复杂绕口，可以用于平时谈话交流？

· 是否无须解释，就能让人理解其中含义？想象一下，这是一本书的名字吗？

· 名字是否用词独特，不老套、不空泛？

· 名字是否出乎意料地涵盖了主题与内容？

这里列出了我最喜爱的趋势名字，以及每个名字改进发展的背景故事。

经典案例

“虚拟同理心”趋势

有一段时间，虚拟现实技术成为热门话题，其隐含的主题是提升同理心。我选取“虚拟”一词与“同理心”放在一起，让大家注意到这种强大的社会影响。

“怀古恋旧”趋势

2019 年，很多人都在议论对过往念念不忘的怀旧之情。但怀旧似乎带来了太多的情感包袱，因此我对“怀古”驻足思虑良久，因为这个词与“恋旧”共同总结了本趋势背后的简单想法：当今世界，人们对一些企业和品牌疑虑重重，更加信赖过去熟知的产品与服务。

“效率狂热”趋势

生活黑客运动带来的故事佳话不计其数，教大家应该如何让每一刻更有效率，我发现人们对这种应用程序与建议几近痴迷。为了解释清楚这一趋势的两面性，我把“狂热”（大多数认为是贬义词）与“效率”（一般认为是褒义词）结合起来。

在趋势命名的过程中，我会先在便利贴上记下可能使用的名字，然后逐个比较分析。其间，我也会询问读者和客户的意见。当所有的工作做完后，才会确定当年报告中的趋势名字。

关于命名想法的建议：

1. 词语混搭

混搭就是将两个单词或者两种概念结合在一起，比如“喜好经济学”就是“喜欢度”和“经济学”的混搭。这种方法可让你的趋势独一无二，给人留下深刻印象，但如若使用不恰当，可能会让人觉得牵强附会、矫揉造作，这也是我的书不叫“信任经济学”的主要原因。词语混搭，要尽可能接近真词。

2. 押头韵

在命名中运用好头韵，可以令人印象深刻，影响力经久不衰，如可口可乐（Coca-Cola）、卡卡圈坊（Krispy Kreme）。这种两个单词以同一辅音打头的方法，我在趋势命名时也曾用过，如“糊涂阳刚”（Muddled Masculinity）和“颠覆渠道”（Disruptive Distribution）。与混搭方法一样，如果两个词语相矛盾，押头韵也可能是“拉郎配”，慎重使用。

3. 奇思妙语

显见之语、常用之词，加入少许变化，得到的名字就会与众不同、博人眼球。例如，2014年，“接受不完美”（Unperfection）趋势就是我命名的，稍微显露出一些不足，就能标新立异。

第五步：证实

证实就是查找数据，搜寻故事，展开对话交流，验证想法，确认趋势是否言之有理。

主观策展的想法就如同趋势一样，是可以被证实的。这种说法看似大言不惭，但更加准确地概括了验证想法与结论的全过程。

我和团队用三项关键要素评估趋势：核心理念、影响力和发展速度。了解趋势是否能经受时间考验，需要详查每一项关键要素，并回答以下问题：

趋势要素	实用问题
1. 核心理念 大趋势描述社会文化、商业模式和生活方式的独特转变，在清晰表达含义的前提下尽量用词简单，但又不过分简化	·想法是否独特，能否脱颖而出？ ·是否有人发表过此趋势的相关案例？
2. 影响力 大趋势会影响人们的消费习惯，改变企业销售产品的方式	·媒体是否开始报道本趋势的相关案例，有没有影响企业或个人的商业行为，这种趋势是否影响着各个领域？ ·优秀的企业家是否正在接纳这种趋势？
3. 发展速度 大趋势通常会迅速影响商业惯例、消费行为和社会准则，并持续加速发展	·各行各业是否都存在足以证实趋势的案例？ ·在未来，这种趋势是否可以持续下去？

在“证实”阶段，可能会发现某些趋势不准确，不要理会它们。尽管放弃可能很残酷，但会帮你进一步完善想法。

关于证实想法的建议：

1. 关注行业变化

我发现人们策展趋势时，只关注某个行业的故事或案例，一叶蔽目，不见太山。趋势反映商业惯例或消费行为，各个领域都应该有相关案例。

2. 注意避免偏见

在策展趋势之初，就希望趋势助推自己的生意，定会影响你的判断。正是这种错误的想法，导致许多趋势过于简单草率，甚至误入歧途。要记住，非显著趋势不是为己谋私的工具。

3. 使用权威来源

查找权威来源，支持你的趋势想法，会让“证实”结论更有说服力，这也意味着需要从口碑好的媒体、企业和学术机构查找研究成果。

策展必须要上瘾

现在大家已经学会了干草堆法的五个步骤，让我们再次重演整个过程，分析我和我的团队如何策展“必须要上瘾”（Engineered Addiction）趋势。

第一步：收集

2014 年 4 月，我在《滚石杂志》（*Rolling Stone*）读到了一则故事，越南人阮哈东（Dong Nguyen）开发了一款看似简单的游戏软件——“扑扇小鸟”(Flappy Bird)。这款游戏刚上架，就如同病毒般爆红，阮哈东也因此一夜成名。可是当他得知成千上万的人沉迷于此，荒废时日，人际关系逐渐冷淡，甚至有人因此失业（有真实案例）时，他愧疚万分。阮哈东主动从网上下架了这款游戏，并且从此销声匿迹。初读这个故事的时候，我觉得他真了不起，将其收藏在自己的黄色文件夹里。

几个月后，我读了《上瘾》（*Hooked*）一书，其中讲述了硅谷产品设计师们如何打造让人上瘾的产品，这似乎完美诠释了阮哈东的无意之举。我同样也收藏了这本书。

第二步：集聚

接着，我梳理了文件夹中的想法，发现这些故事都在讲述某种上瘾行为。“笨鸟先飞”是关于令人沉迷的游戏设计，而《上瘾》则是在讲如何制造让人着迷的产品。我把两者结合起来，并开始关注界面设计对于上瘾体验的影响。然后把故事钉在一起，加上索引卡，用黑色记号笔写上“上瘾设计”（Addictive Design）。这是我首次描述社会问题，也是我第一次猜想趋势。

第三步：升华

当梳理主题列表时，发现有几个与“上瘾设计”有关。其中，有一类故事就是用游戏化学习影响各个年龄段的学生，并添加了一张索引卡，标为“游戏化学习”。《盐糖脂》（*Salt Sugar Fat*）这本书揭示了零食小吃如何撩动“极乐点”，让消费者欲罢不能。我也受此启发，收集了数篇关于网红美食的文章，并将此类称为“极度诱人食物”（Irresistible Food）。

想法升华之际，我感觉这三种想法（上瘾设计、游戏化学习、极度诱人食物）可能是某种趋势的重要组成部分，都在介绍如何提供让人上瘾的商品与消费体验。最后，我把升华后的想法归为一类，命名为“上瘾无处不在”（Ubiguitous Addiction）。

第四步：命名

经过几番思量，我放弃了“上瘾设计”和“游戏化学习”，因为这两个想法涵盖范围过于狭隘。“上瘾无处不在”也略显拗口，似乎在说世界上总有很多让人着迷的东西，这不是趋势的真正含义。斯坦福大学商学院教授尼尔·埃亚尔（Nir Eyal）曾在一篇文章中称自己为“行为工程师”，我读到后深受启发，为趋势想到了一个更好的名字——“必须要上瘾”。

第五步：证实

为了证实概念与命名的有效性，在团队的帮助下，我发现哈佛大学也在研究社交媒体为何如此令人上瘾。之后，我们又拜读了麻省理工学院（MIT）人类学家纳塔莎·道·舒尔（Natasha Dow Schüll）的专著，了解到她曾深入考察赌城拉斯维加斯（Las Vegas）老虎机让人上瘾的秘密。最后，我们在高级客户研讨会上分享了趋势概念，并根据读者反馈完善了细节内容，进一步验证了有效性。

“必须要上瘾”是当年的主流趋势，并迅速成为网络热门话题。时至今日，仍然不断引发网上热议。

避免愚言未来

要知道，趋势预测也可能是无稽之谈。

在现实生活中，大家对各种预言感到失望。经济学家对全球经济衰退不以为然；气象专家在电视上说要下雨，结果根本没下；商情预报员的预测没一丁点儿眼光，要么说些显而易见的废话，要么天真幼稚，脱离实际。

首次撰写趋势报告时，我专门拜读了记者丹·加德纳（Dan Gardner）的《愚言未来》（*Future Babble*），书中讲述了人们对未来的痴迷，分享了心理学家菲利普·泰洛克（Philip Tetlock）的研究成果。在长达二十多年的时间里，泰洛克采访了形形色色的专家，包括政治学家、经济学家和新闻记者，并把大家对未来的预测收集起来，总共27450条。泰洛克通过核查可靠的数据，对这些预测进行分析，发现根本就是些随意猜测，一点儿都不准。他总结说："看起来，至少50%的权威人士自始至终都是错的，但这50%究竟是哪些人倒不那么好分辨。"

泰洛克将现在糟糕的专家称为"刺猬"，他们盲目自信，经常嚣张狂傲，预测出错时，也通常狡辩"差不多就是那么回事儿啦!"并且执着于不切实际的幻想。相比之下，谦虚的专家并不夸大自己预测未来的能力，能坦然接受不确定性，经常自我批评，认为自己的预测也可能出错。泰洛克称这些专家为"狐狸"，认为他们有能力收集各种数据信息，发表预测时，深思熟虑，一直保持谦逊低调。

加德纳和泰洛克认为如果要培养策展趋势的能力，就必须坦然接受自己会犯错的事实。当然，我也同意这种观点，并在本书第三部分中，列出历年趋势的最新状况及其等级。毫无保留地分享这些趋势等级（尤其是未能经受时间考验的趋势），是因为我希望真诚地对待读者，就像每年发布报告后，坦诚地对待自己一样。毕竟，"狐狸"能够接受不确定性，知道自己不可能永远都正确。我也知道自己偶尔会犯错，相信你也一样。

为什么非显著思维至关重要？

著名电影制片人塞缪尔·高德温（Samuel Goldwyn）曾经说："只有傻瓜才会作预测，尤其是关于未来的预测。"事实证明他说的没错。

本书也会展望未来，其中就包括10项可能会被岁月无情抛弃的趋势预测。这样做只是为了预测即将发生的事情，值得吗？把握当下，尽快适应社会发展，岂不更好？

学习非显著思维预测未来可以激发你的好奇心，提高洞察力和深入认识现实世界。"干草堆法"不仅能策展趋势，还能助你发现行业交叉点，避免狭隘思维。

英国作家奥斯卡·王尔德（Oscar Wilde）曾写道："预测未来才是现代智慧。"非显著思维就是要注重细节，采用不同的思考方式，策展各种想法，以崭新、独特的视角来描绘高速发展的现代社会，从而培养这种现代智慧。

在下一章中，将介绍如何运用非显著思维与策展思维。不论你的目标是赚钱、开公司，还是助推事业发展，第三章都会让你赢得未来、功成名就。

第三章　如何运用非显著思维

趋势意味着收益，待时而生之利益。

——马丁·雷蒙德（Martin Raymond）

大约10年前，世界各地的调酒师们开始调制一款单饮，味道犹如肉桂吐司脆（Cinnamon Toast Crunch）麦片粥碗底留下的牛奶，其背后的策划者是占边三得利公司（Jim Beam）前营销主管汤姆·玛斯（Tom Maas）。

多年来，玛斯一直在拉美传统饮料奥查塔（Horohata）的基础上，开发奶油利口酒。新开发的利口酒混合了淡朗姆酒、浮制奶油以及肉桂、香草等调味料，并取名为“朗姆洽塔”（RumChata）。但此饮并未一炮而红。

后来，朗姆洽塔的宣传标语将其比作早餐麦片，让这款利口酒迅速风靡全球，有评论家称其为“想饮酒堕落又不被打脸的完美选择”。

截至2014年，由于别出心裁的促销与调酒师的完美结合，在美国10亿美元的酒市场中，朗姆洽塔占据了五分之一的份额。在有些地区，其销售额甚至超过了行业领头羊——帝亚吉欧旗下的爱尔兰百利甜酒（Diageo’s Baileys Irish Cream）。2019年，这款利口酒成为社交媒体上最受欢迎的烈酒品牌，其油管（YouTube）

视频播放量超过 3600 万次。如今，朗姆洽塔广泛用于调酒和餐饮烘焙领域，因此业界专家也称其是跨界颠覆性产品。

朗姆洽塔的成功不仅取决于冷静的观察思考，还依赖于深入分析消费习惯与市场趋势。回顾案例，朗姆洽塔广受欢迎的主要原因有以下三点：

1. 消费者愈加关注品牌背后的故事。
2. 电视上饮食娱乐节目越来越流行，家庭烹饪创意四起。
3. 全美对拉美文化及其遗产产生了浓厚的兴趣。

当然，事后诸葛亮总是容易当的。当今社会发展日新月异，我们也许可以发现这些趋势，但不能理解其现实价值。当然，想要获得回报，不仅要发现趋势，还要顺势而为，乘势而上，遵循规律。

交叉思维引言

趋势会发出信号：放弃无利可图的生产线，或者坚持一件没有回报的事情，又或许会让你围绕职业规划提升技能素养。想要获得这些启示，就必须拥有“交叉思维”能力，它将毫无关联的概念和信息相结合，从而产生新方法或者新策略。

方法一：关注共同点

前可口可乐执行官杰夫·邓恩（Jeff Dunn）就任博尔豪斯农场（Bolthouse Farms）总裁时，这家价值 10 亿美元的农业公司研发了所谓的“宝宝胡萝卜”（Baby Carrots）——两英寸长的胡萝卜，让全美的胡萝卜消费水平翻了一番，彻底改变了整个行业。不幸的是，邓恩接管时，普通胡萝卜与“宝宝胡萝卜”销量猛跌，于是向广告商克里斯平·波特和博古斯基（Crispin Porter+Bogusky，CP+B）求助。

这家广告商吃惊地发现，“宝宝胡萝卜”其实与垃圾食品并无二致。创意总监奥米德·法尔汗（Omid Farhang）解释说：“事实上，宝宝胡萝卜具备垃圾食品的典型特征，霓虹橙色，口感酥脆，可蘸酱，让人停不下来。”

CP+B 从消费品公司的营销策略中获得灵感，发起了一场“像垃圾食品一样吃”的广告宣传。在试点市场中，销量立刻飙升 10%。这一切都要归功于法尔汗团队，他们把一个行业（快餐食品）的成功策略进行转化，应用于另一个行业（农业）中。这也说明，不仅要关注事物之间的共同点，还要运用交叉思维。

方法二：接纳不经意间的想法

20 世纪 80 年代中期，霍华德·舒尔茨（Howard Schultz）代表星巴克出席高端家电博览会，正从酒店漫步到米兰会议中心，一个想法油然而生，成就了全世界最受喜爱的品牌之一。在前往会议中心时，舒尔茨一路上看到了不计其数的意大利浓缩咖啡店，感到非常吃惊。这些咖啡店给大家提供了一个聚会场所——既不是在家里，也不是办公室。回到西雅图（Seattle）后，他说服了星巴克所有管理人员，在本市打造类似的零售咖啡店。几年后，舒尔茨买下了整个星巴克公司，并将其推广至全球。

星巴克发展史波澜壮阔，但最启迪人心的是舒尔茨最初可能会错过的创意想法。不经意的想法看起来无关紧要，其出现时都没有贴上整齐的标签，要想获得意外惊喜，唯一的办法就是分散注意力。

方法三：走出舒适区

现在可选择的娱乐方式越来越多，但由于我们安于舒适，总是看同样的电视节目，浏览同样的视频网站，读同样的报刊。如果我们不这样做会怎样呢？你不这样做，又会怎样呢？

在第一章里，就告诉大家，漫无目的地阅读杂志是探索未知世界的方式之一。还有一种方法，就是有意漫步前往不同寻常的地方，也许近在咫尺，也许远在天涯海角。

走出舒适区就像换一条线路去商店购物，或者走路去不远的餐厅，尝一尝蟋蟀粉小饼干，停下来，仔细观察可能无数次擦肩而过的街头涂鸦。

陌生助我们开阔视野，培养创新意识。漫步让我们亲身经历，亲身体验，无拘无束。

方法四：勿刚愎自用

我一直住在城里，就像很多城市居民一样，难以理解“乡下人”。在我心目中，“乡下人”似乎有些不文雅，更加单纯和狭隘。直到有一天晚上，我终于认识到自己可能错了。

2015 年 11 月底，我刚看完《饥饿游戏》（*Hunger Games*）系列电影的最后一部。离开电影院时，思考着自己喜爱的其他科幻电影和电视节目，比如《星球大战》（*Star Wars*）、《黑客帝国》（*The Matrix*）和《权力的游戏》（*Game of Thrones*）。我发现它们都有一个共同点：主人公是英勇的普通人，受教育程度不高，常与自以为无所不知且残酷无情的统治阶级相抗争。在这些故事中，“乡下人”是好人，而城市居民则是坏人。那一刻，我突然意识到，仅根据居住地就对他人怀有偏见是多么的不公平。

即使有时会感到恐惧，世界还是会以多种方式鼓励大家躲入自己信仰的安乐窝。社交媒体的算法会推送我们喜爱的故事，网页曲奇（信息记录程序）预测人们想看的内容、想点击购买的商品。两极分化的政治家们主张非此即彼、非黑即白，认为政见相左者应该被视为敌人。

如果我们鼓足勇气改变自己的想法，会怎么样呢？多听他人劝告会怎么样呢？当听到与自己相左但又令人信服的意见时，我们应该承认思维方式的差异性，而不是把别人当作“白痴”。

某些观点没有任何理论依据，还与自己的想法相矛盾，但我们应该欣然接纳它们，换位思考，深入了解背景故事与行为原因，也有助于我们以全新的视角看待世界。

从现在开始，用非显著方式阅读本书

前两章集中讨论了成为非显著思想家所需的心态，以及策展想法与开阔视野的循序渐进法。本章开始运用交叉思维寻找想法之间的联系，并创造发展新机遇。现在开始学习如何运用这些见解，并将其付诸实践。在此之前，建议换一种方法阅读本章剩下部分。如果你已经有了想要运用的深刻见解，就可以继续了解本章所列举的建议。或者你也可以翻到第二部分，读一读那里列出的大趋势，然后再回来学习。

与其他大众传媒相比，图书可以让你跳跃式阅读，轻松愉快。如果你想了解大趋势？请随意。是否留在这一页继续阅读？决定权在你手中。

提高趋势洞察力的建议

不论是继续读，还是跳去看大趋势……欢迎归来！

如何让趋势行之有效呢？一起来探讨吧！

建议一：吸引顾客

想要理解与利用趋势，吸引客户，首先要深入了解客户的行为。客户体验旅程图就是最佳的选择，它展现了客户使用产品服务时会经历哪些过程阶段。

绘制这样的客户体验旅程图，有助于在为客户服务的过程中，适时地加入趋势，改善服务体验，提高顾客的忠诚度。

案例分析：战略奇观

趋势介绍

品牌与策划师利用宣传活动吸引消费者的关注，提高客户参与度。

典型事件

当瑞典品牌噢麦力（Oatly）研发出一种用燕麦生产的牛奶替代品时，它也面临着巨大的认知挑战。由于消费者对“燕麦牛奶”并不熟悉，噢麦力为此也重新设计了包装，策划了具有挑衅性的宣传语，比如“甘如牛乳，专为人做”，潜台词即为：牛奶是给小牛喝的，我们的燕麦奶才是给人喝的。噢麦力在商业杂志上树立健康的品牌形象，并举办了全世界第一场没有牛奶的咖啡文化节。这些大胆的举动甚至招来了整个奶制品行业的抗议与不满，而噢麦力则不惧争议，还将其发布到网上。这些宣传引起了人们的注意，让噢麦力迅速爆红。

建议二：分享故事

感人的故事影响力强大，可以赢得人们的支持与拥护。不幸的是，互联网上到处充斥着无聊的“关于我们”的页面。品牌故事与此并不相同，它催人泪下且富有人文内涵。人们也因此相信你的宣传推广，信赖你的品牌，信任你的产品。

趋势会影响你讲故事的方式。你的品牌为何存在？背后有何更加深远的意义？哪些消费理念与行业变化让你的品牌更有意义？想要回答这些问题，好故事能助你一臂之力。

案例分析：不完美，惹人爱

趋势介绍

随着人们越来越渴求人性化服务体验，品牌与设计师更加注重产品缺陷以及消费者的喜好与性格，使产品和服务体验更吸引人、更具真实感。

典型事件

汉斯·布林克尔经济旅舍（Hans Brinker Budget Hotel）“以辜负旅客四十年为傲，自夸舒适度与低级戒备牢房相当”，这只是总部位于荷兰的汉斯·布林克尔众多具有创意的营销口号中的一条。十多年来，品牌一直自诩“全球最烂的酒店”，宣传自己糟糕透顶，引发了大家的逆反心理，渴望一探这家酒店究竟有多糟糕。这是一个极端的实例，却说明了有创意的故事影响力多么强大。这则故事能达到如此效果，其主要原因是汉斯·布林克尔将目标客户定为游遍欧洲的背包客们，他们并不追求奢侈豪华的住宿环境，只是想向全世界分享有趣的故事。

建议三：演进策略

趋势帮你调整公司的战略部署。不论是创新商业模式，还是结交新的合作伙伴，都可以帮助你与意想不到的客户建立联系。当领导者需要学会如何在企业战略中运用趋势时，我通常鼓励他们关注以下五个方面：

1. 任务使命：为什么，做什么，相信什么。
2. 品牌定位：与竞争对手相比，你的品牌有什么独特之处。
3. 商业模式：如何向客户收费，如何挣钱。
4. 产品服务：向客户售卖什么商品。
5. 锐意创新：有何新产品、新服务。

案例分析：故意降级

趋势介绍

如今，高科技产品层出不穷，但消费者更愿意选择操作简单、价格实惠、功能更为强大的老版本。

典型事件

瑞士企业家彼得·奈比（Petter Neby）是一家手机品牌的首席执行官，由于无处不在的智能化，让人身心疲惫，希望能找到平衡使用科技产品的办法，所以他认为消费者不需要互联网，故意设计一款没有上网功能、只能接打电话和发短信的非智能手机。其公司独特的发展战略是研发高雅简约的产品，“在不占用时间和注意力的情况下完成工作”，助你从众多竞争对手之中脱颖而出，可以陪伴主人很多年。

建议四：加强企业文化

与你之前了解到的不同，不一定提供免费的食物、免费的按摩座椅和购置乒乓球台，才能激励大家形成优秀的企业文化。调查显示，企业职员最渴望的是与同事建立真正的人际关系，希望自己的工作受重视，可以自主安排工作时间。把握趋势可以帮你在这些领域中加强企业文化。

案例分析：在社交媒体做实验

趋势介绍

品牌利用社会实验和现实生活体验建立信任，以各种独特的新方式展示人们的日常生活，构建更为逼真、更有说服力的内容。

典型事件

美捷步（Zappos）在早期主要销售鞋子，提供双向免费送货，让大家在网上放心购鞋。为了减少退货率，零售商打造了一间内部工作室，录制员工们穿着在售产品走路的视频。录制视频的员工们感觉受到了重视，并实现了自我价值，故而企业文化也得以加强。这些视频在产品销售网页推出后，顾客也容易判断鞋子款式是否适合自己。很快，美捷步的退货量和成本一路大幅下降，这都要归功于企业文化，让员工可以和消费者分享自己的真实体验。

想要评估企业文化，需要回答以下问题：

· 你知道公司的定位吗？你相信公司的责任使命吗？
· 你认为自己是否拥有完成日常工作所需的工具与技能？
· 你是否觉得自己受重视，可以独立完成工作吗？
· 你愿意向朋友推荐自己的公司吗？
· 你平时乐于与同事们相处吗？

现在你可以根据趋势对企业文化的某些方面做出调整。但是，你的当务之急很可能是雇佣新员工，或者在短时间内处理员工辞职。趋势可以帮你发现并留下最优秀的员工。

建议五：拓展职业

趋势不仅会影响社会经济，还能为你的个人发展提供机遇。

在生活中，把握趋势对我产生了深刻的影响。“喜好经济学”是我首次推出的趋势，并在一年后撰写了同名专著。在研究了

“合作出版”（Partnership Publishing）和“珍宝印品”（Precious Print）两个趋势之后，我开始创办自己的出版公司，起名为“创意出版社”（Ideapress Publishing）。2015 年的“主流正念”（Mainstream Mindfulness）趋势让我的团队为咨询小组设计了全新的系列研讨会，而 2019 年的“创新嫉妒”趋势给全新的“非显著创新”系列培训和高管培训项目铺平了道路。

案例分析：强势女性

趋势介绍

最近几年，强势独立的女性形象不断出现，重新定义了女性气质的概念，也重塑了性别角色。

典型事件

女性在商界的领导地位日益凸显，打破性别歧视，在职场中披荆斩棘，但企业未能为其提供施展才华、实现抱负的广阔舞台。鉴于这一趋势，同伴网络努力填补空白，会集优秀女性人才，共同携手应对挑战，建立全新的战略性商业联盟。

趋势预测行业发展，提前获知顾客的需求，使你能及时地研发新产品与新服务。趋势还能帮你预知未来可能需要具备的新技能，做到未雨绸缪。

把握趋势可以提升知名度，拓展职业前景，其具体方法如下：

- 以趋势研究为支撑，增强其可信度。
- 与上级或客户分享趋势见解。
- 与趋势策展人建立私下联系，拓宽人脉资源。

· 根据趋势预测，我们应该从事什么行业或加入什么样的公司。

如何开展趋势研讨

过去十年间，我帮助成千上万的创新者在自己的企业组织中运用趋势，提升企业战略目标，反思客户参与度，调整营销策略，使企业文化焕然一新。思考趋势的潜在影响力的最佳方法就像可以燎原的星星之火，仅有趋势本身是不够的，如果能激发革新，就会产生出人意料的作用。

这样做首先要将企业组织中的优秀员工凝聚起来，协同会话，也就是我们常说的"研讨会"。这样有助于集中注意力，提供富有创意的框架模式。如果可以围绕团队或客户召开趋势会议，以下四条建议将助你取得成功。

建议一：职业化准备

花时间熟悉你想要解决的问题：已经尝试过哪些方法？哪些成功了？哪些失败了？要推动团队彻底改变，需要问哪些问题？目前有哪些趋势也适用于这种问题？

建议二：先捕获，后批评

人人都说："头脑风暴中没有坏主意"，事实却并非如此。不幸的是，在研讨过程中，并未随时区分好想法和坏主意。在业务中，如何运用或利用趋势呢？鼓励所有参与者畅所欲言，不要浪费时间与精力批评他们，有问题留在后面说。

建议三：采取“是的，并且……”的方法

有的人擅长即兴发挥，和大家一起时，能够合作成功，习惯以他人的想法为基础，添加自己的想法，顺水推舟，开口就说：“是的，并且……”这种添砖加瓦同样也是有效研讨的标志。如果有人提出利用趋势的想法，即使你认为不可能成功，也要顺着说下去，然后再想办法补充和完善。说不准，你会有意想不到的收获。

建议四：选择公正的主持人

一般认为，与要解决的问题关系最为密切的人，是主持研讨会最合适的人选，但事实绝非如此。相反，最佳的研讨会主持人应该能够引导讨论，不跑题，时刻保持中立，经常提出发人深思的问题。当然，他们还能专业地总结研讨，简明扼要地重述各种行动，确保每个花费时间参与研讨的人都能了解到，大家集体行动的目的是什么，以及下一步该怎么办。

小型团队或者单打独斗的创业者需要特别注意：即使你不是强大团队的一分子，你也可以利用研讨取得奇效。两个人的研讨也有益处，可以让你有机会打破常规，集思广益制定应对未来的策略。

打破趋势

在探讨将想法付诸实践的心态、方法和建议之后，想要研究大趋势，就必须了解最后一个话题——逆势。

在下一部分中，你可能会读到关于某种大趋势的故事，并立即想到与此完全相反的案例。这并不奇怪，是人的本能反应。

趋势不等于数学原理，根本找不到唯一确定的答案。

趋势描绘的是一种快速发展且备受关注的社会行为或变化，但其并不是颠扑不破的行为准则。趋势与大家的生活息息相关，而人的行为方式却往往出乎意料。

事实上，总会有些人不合群，他们故意与趋势背道而驰。某些人和品牌发现趋势时，会立刻反其道而行之，就是要与众不同。换言之，他们刻意聚焦“逆势”。

在研究趋势的早期，我陷入了信心危机。如果看到与趋势完全相反的情况，我的想法怎么可能成为趋势？最终我明白了，趋势不是定律，需要你去观察。

打个比方，在窗外看到大多数人都带了伞，很可能外面在下雨。总会有人不带伞，还在雨中漫步，故意要淋湿，但他们的行为并不会改变正在下雨的事实。

策展趋势能激发非显著想法，还能助你了解大多数竞争者都在思考什么，以便你能采取不同寻常的策略。

趋势并不等于盲目追随。本书旨在培养崭新、独特的思维方式，并以此把握趋势，反其道而行之，获得成功。

第二部分

非显著大趋势

第四章　放大身份

何为“放大身份”（Amplified Identity）大趋势？

随着个人主义在全球范围内崛起，不论是在网上，还是现实生活中，都精心塑造自己的个人形象，宛如明星大牌，并招来众多非议。

中村征夫（Ikuo Nakamura）是一名蛰居族（hikikomori），在家隐居七年不出门。蛰居族一词专门指那些隐居人群，其大多数都是男性，至少半年不出门，不与他人沟通。他们有的是由于不能适应社会，辜负了父母的期望，被迫孤单度日。还有的是因为和别人发生了激烈冲突，无法应对，选择逃避隐居。

梅卡·伊兰（Maika Elan）是一位摄影师，在《国家地理杂志》（*National Geographic*）发表了非常罕见的摄影专题报道以及对蛰居族的采访，她指出：“在日本，人们重视礼仪规矩，名声和外表形象也非常重要，而蛰居族则对这一切进行着悄无声息的抗争。”伊兰也许是对的，蛰居族通常被看作凄惨的代名词，其存在反映出日本社会要求循规蹈矩，有些人则难以适应各种严苛要求，被迫用沉默的方式表达个性主张。

应该如何应对各种社会压力？在韩国出现了一种更为健康的方法。多年来，人们认为只有那些社会的弃儿（wangda）才独自外出。如今，韩语中有了描述个人独自行动的新词，如独食（honbap）、独饮（honsul）。我的一位韩国同事提出，随着独自行动的情况日渐普遍，大家对这种行为已经认可了。

现实存在的日本蛰居族和愈加盛行的韩国独行活动都预示着文化更加注重个性化。

1981 年以来，世界价值观调查（World Values Survey）开拓创新，研究人员对 78 个国家的国民价值观和信仰进行了调查。在过去二十年里，其最重要的发现就是，在全世界范围内，人们的个人主义倾向越来越强，也正在逐渐加深对“自我”的认识。我们要有勇气塑造自我，尤其是在网上，这样可以提升自我价值，否则就会损害自己的形象。只需要看看自拍照就明白了，这可以说是最现代的数字化自我呈现方式。

自拍真相

几年前的春天，阳光明媚，我和家人前往亚利桑那州（Arizona）最受欢迎的瞭望台——马蹄湾（Horseshoe Bend）。先前几个月，这个景点多次被新闻报道，其原因很悲剧，就在这个地方，几位旅客掉进峡谷，摔死了。

当我那天看到游客的行为时，觉得这个景点能致人死亡是不难理解的。有个女孩儿就坐在她男友的肩膀上，手上握着的相机举过了自己的头顶，男友在悬崖边都站不稳。很多人都是这样想方设法地自拍，定格身后大峡谷的美好瞬间。谢天谢地，他们拍照成功，没有造成致命后果。来张美美的自拍，再发个帖子，已经成了人们的头等大事，以至于为了来一张完美的自拍，甘愿冒生命危险。这其中一个很重要的原因是，通过自拍照，大家可以展现自己美的一面，展示给生活中难得见一面的亲戚朋友。然而这种展示真实度有多高？这就取决于你要问谁了。有人说社交媒体和自拍照帮我们表现真实、独特的自我，有人则指责自拍毁掉了整代人，让大家自恋、傲世轻物和心神不定。屡获殊荣的新闻记者威尔·斯托尔（Will Storr）在其专著中探究了这个问题，书名也非常简单干脆，就叫《自拍》（*Selfie*）。

在书中，斯托尔认为“自尊迷思”是人们迷恋自拍的罪魁祸首，它影响了我们如何在网上展现自我。书中写道：“在这个充斥着自我的社交媒体舞台，想要相处融洽，甚至脱颖而出，你必须比周围其他人更好、更棒。你要更加风趣幽默，更加见解新颖，更加美丽大方，言辞更为机智诙谐，意见更为公正合理。为了让自己看起来光鲜亮丽，最好找一处风景秀丽且光线充足的地方，享用你那健康、美味的早餐。”

斯托尔认为，实现虚幻理想的压力可能会导致抑郁症高发、自杀率上升以及对完美自拍的需求。这样看来，自拍折射出我们越来越需要他人的赞许认同，这非常危险。

当然，并不是人人都认同这种观点。

自信的自画像

有种看法更为乐观，认为自拍可能实际上让人们更本真、更自信，并不是由于没有安全感，而是需要外界的认可。

女孩领导（Girls Leadership）的的联合创办人瑞秋·西蒙斯（Rachel Simmons）就是这样的乐天派，她称自拍为“女孩彰显自信的小火花，是种自我呐喊”。2015 年，我向大家介绍了“有自拍，更自信”（Selfie Confidence）趋势，并赞同西蒙斯关于大众误解自拍的观点。如果真的是一种能够建立自信却被低估的手段，我们该怎么办呢？这样看来，自拍可能是力量的体现。

正如西蒙斯所说：“帖子源源不断，你要觉得不必太在意，觉得那些人太注重自我形象、太自恋，那么就错过了观察女孩自我提升的机会。这种自我提升的技能，男生在很多情况下也会派上用场，例如谈判、加薪和晋升。自拍照是以图片的形式告诉大家，我觉得我看起来‘好美’‘好开心’‘好搞笑’‘好性感’啊！别说你，估计所有女孩都是这么想的。”

在讲述自己的故事时，我们很容易认为大多数人都会自吹自擂。然而研究人员发现，大家在社交媒体上比你想象的更加真诚。社交媒体是公共场所，本质上有很多方式可以更好地追究责任，因为如果你撒谎了，你的社交圈就会有人知道。例如，康奈尔大学（Cornell University）社交媒体实验室（Social Media Lab）最近有数据发现，大学生创建领英（LinkedIn）个人档案时，一般比较真实可信，而写简历时，更容易欺骗包装。

研究表明，社交媒体不会让我们成为以自我为中心的骗子，反而可能赋予我们在数字世界塑造自我所需的一项权利：讲我们自己的故事。讲自己的故事，我就是主角，否则拥有这权利还有什么意思呢？

消费者就是明星，意见领袖的革命

戴尔·卡耐基（Dale Carnegie）是一位知名作家，其著作《人性的弱点》（*How to Win Friends & Influence People*）堪称经典，他曾写道："任何语言中，名字对本人而言都是最甜美、最重要的声音。"经过多年观察，他认为我们天生会选择性地记住那些自己受到特别关照、理解和欣赏的时刻。当今世界，个人主义崛起，网络世界让大家比以往更容易成名，甚至都用不了15秒钟，只需要制作一条原创视频，将自己包装成节目中的明星。

我在介绍"消费者就是明星"（Everyday Stardom）趋势时，首次提到一种文化现象——大家越来越期望世界把自己当作明星来对待。以电影《我的宝莱坞新娘》（*Bollywood Bride*）为例，很多宝莱坞电影都会有夸张的婚礼场景、戏剧化的求爱仪式和各种快闪式的舞蹈，让人目不暇接。这样完美无瑕的梦幻婚礼表演非常受欢迎，以至于现在印度各地的订婚情侣都聘请电影摄制组，希望在他们的婚礼上重现和录制下这些经典场景。

许多人在社交媒体上把自己塑造成明星，吸引大众的眼球。油管和照片墙（Instagram）让普通人轻松容易地发布内容，如美妆服饰测评、开箱视频和电子游戏直播，吸引粉丝讨论分享。用自己的原创视频吸引大量粉丝的人被称为"意见领袖"，也就是"网红"，他们在竞争激烈的网络世界里成为明星，并通过广告和赞助商获得回报。

随着网红在社交平台上不断出现，人们也习惯了在自己的故事中扮演主角，消费者则越发期望，品牌不论大小，都能打造个性化体验，提供贵宾级的服务。

这种以自我认同为中心的产业正在驱使更多的用户和品牌来关注它，从而扩大影响力和推动收入增长，但不利的一面也正在显现。

阴暗面

当今世界，“放大身份”趋势不断发展，人们精心策划，以求他人感知认同，因此很难长期控制大家讲故事。在数字世界，叙述手法通常是公开的，有可能会引来网络骚扰，甚至导致个人成为批评、羞辱和盗用身份的目标。即使考虑控制建构身份的叙事手法，我们也会发现身份人设非常容易崩塌。

微软（Microsoft）首席研究员丹娜·波伊黛（Danah Boyd）在《这很复杂：网络青少年的社会生活》（*It's Complicated: The Social Lives of Networked Teens*）一书中，探究了青少年如何驾驭流量为王的网络世界。她认为，匿名评论随心所欲，频繁痛批名人学者已成媒体文化，使得对他人做出刻薄的回应显得很正常。在这个网络霸凌屡见不鲜的世界里，个人身份尤其是年轻人的身份，经常受到攻击。

在我们的帖子或推文下，有些人评论尖酸刻薄，我们要做到不和他们争论。否则，稍有差错就会受到更为强烈的攻击谩骂。作家、纪录片制片人乔恩·罗森（Jon Ronson）在《就这样，你被当众羞辱了》（*So You've Been Publicly Shamed*）一书中，探究了网络暴力如此司空见惯的原因。为了了解这一现象，他采访了一些因行为不端而被辱骂的人，包括因抄袭行为被记者曝光的作家乔纳·莱勒（Jonah Lehrer），以及在南非旅行期间发推特（Twitter）未能避免种族歧视的公关经理贾斯汀·萨科（Justine Sacco）。罗森总结说，进行公开羞辱就是在“撕裂异己，界定好人”。

悉心建构的数字身份不仅经不起批评羞辱，也有被拉拢入伙的风险。人工智能生成的超级写实的假照片和假视频构成了深度伪造技术，让他人制作内容时，可以插入假冒的个人形象。

有技术人员正在建构再创造算法，复制个人声音，并将其制作成音频信息，让人们可以与逝世的家人“交流”，但这种算法有违伦理道德。另一些公司用视频片段制作公共人物的全息图，甚至开发出一种全新功能版本。例如，迈克尔·杰克逊（Michael Jackson）、艾米·怀恩豪斯（Amy Winehouse）等艺术家的全息影像已经开始巡回演出，并且身旁还有真实的表演者。

存在伦理道德问题的创新不断涌现，催生出一个新的行业，其从业者的任务就是研究这类问题，制定基本规则，确定逝者数字身份的归属，并确保其完整性。

虽然“扩大身份”趋势给个人身份带来了不可忽视的危险，但是也有其积极意义。

放大希望

2015 年，《人物周刊》（*People*）推出的“美国新宠”是电视真人秀《吉瓦尼斯：摩登家庭》(*The Keswanis：A Most Modern Family*)。这部真人秀节目讲述了一个住在加州的印度家庭，其中包括“医生老爸”阿尼尔（Anil)、“妈妈经纪人”吠舍离(Vaisholi）和儿子“大尼克”(Big Nik)。尼克患有罕见的侏儒症，在网上拥有250万忠实粉丝。他在社交媒体爆红后，妈妈吠舍离辞去了验光师的工作，担任儿子的经纪人。十五岁的妹妹萨里娜(Sarina）是志向远大的选美明星，六岁的妹妹达维娜（Devina）是位“变性公主”，人物角色丰富，不愧为天生的真人秀之家。

这部连续剧演绎了人们逐渐愿意接受那些与我们不同或过去一直处于文化边缘的人。2016年，我开始撰写关于真人秀节目《吉瓦尼斯：摩登家庭》的文章，并将其作为解释“主流多元文化论”（Mainstream Multiculturalism）趋势的例证。此趋势表明，多年以来，形形色色的群体被视为“另类”，他们在主流文化，尤其是在娱乐圈和媒体中，开始逐渐被人们接纳。

从表面上看，这一趋势与世界各地日益高涨的仇外情绪格格不入。然而，有迹象表明，当前的仇恨情绪在很大程度上是反移民民粹主义的支持者和政客煽动起来的，他们故步自封、火上浇油，并从中渔利，他们的所作所为并不能反映出大多数人的信仰观点。实际上，有证据表明，人们对他人的接纳度并未减少，反而逐年上升。研究发现，唐纳德·特朗普（Donald Trump）当选美国总统后，这三年间种族歧视事件的发生率在美国很多地区实际上有所下降。世界价值观调查还发现，与不同种族为邻会感到不舒服的人数开始普遍下降，这也是调查中关于隔绝种族主义信仰的最尖锐的问题之一。

当我们培养放大的自我意识，尊重个性差异，学会与人分享时，就能欣赏、接受甚至赞美他人的身份，这对于被社会规则排斥在外的人来说尤其如此。我们也在 2017 年研究了这一想法，发现了“跨界颠覆”（Outrageous Outsiders）趋势。从这个意义上说，尽管这种“放大身份”大趋势可能会对我们的价值感或诚信身份构成各种威胁，但它却可能是本书最有影响力的大趋势。

总结放大身份趋势

全球范围内，个人主义盛行，各种措施限制着我们，迫使我们不得不花更多的时间来思考如何展现自我。从领英个人资料到推文和自拍，我们的网络身份已经成为“我们是谁”的终极表达，就像精心制作的自画像。

很多大趋势都预测积极和消极的变化，“放大身份”趋势也不例外。正面而言，这种趋势更加关注自我，对那些在过去无权发声、被视为弃儿的人产生了涟漪效应。他们现在不管是在线上还是线下都可以畅所欲言，并赢得积极的评价。但遗憾的是，如果自我意识过于强烈，我们会更自恋，更容易受到批评，也更容易被盗用身份。

如何利用放大身份趋势

1. 克服自恋倾向

数字身份崛起为世人所诟病之处在于，可能会因此产生“以我为本”的巨婴心理，对他人没有任何同情心。假如你不属于自拍一代，很容易责备泡在社交媒体上的人，称其肤浅自恋。与其上纲上线，不如关注下数字工具和平台。记住，大多数网络社交活动是一种正常的愿望，只不过想探索自己的数字身份，并和世人分享。这不是自恋，是人之常情。

2. 反思身份鸿沟

随着大家的身份、社交关系都搬到网上，通过数字平台分享个人信息将会是家常便饭，甚至不可或缺。注重隐私、反对高科技的人可能会难以接受这新现实，躲避网络身份和乐于接受数字世界之间将会出现文化差异。因此，我们需要一种新的同理心和奉献承诺，让那些不愿放大自己身份，但仍想要参与社会互动的人们加入进来。

3. 帮助管理身份

随着放大自我意识持续增长，我们需要求助专业人士帮助自己打造身份，尤其是线上身份。如果你正在寻找一份新工作，那就考虑下由私人教练、生活导师以及其他顾问组成的家庭服务行业，这个行业日后定会繁荣兴旺。越来越多不寻常的职业在出现，如“数字敛尸官”，他们的工作是在人们死后保存其数字遗产。软件顾问和律师正加紧开发应用程序或起草法律文件，以解决网络身份和隐私问题。

放大身份趋势演进

回顾与此相关的以往趋势（2015—2019 年）：

有自拍，更自信

人们可以将自拍照上传至社交平台，精心打造自己的网络形象，树立自己的自信心。

消费者就是明星

个性化发展让更多的消费者期望日常互动交流可以打造成名人式的体验。

性格配对

品牌利用行为监测工具绘制出的性格地图，把志趣相投的人们联系在一起，更加有效地互动交流。

主流多元文化论

在被忽视多年之后，利基人口统计、多元文化公民及其文化通过与文化传媒的多元化思想相结合，获得了社会广泛认可。

网红崛起

新一代的内容创作者追名逐利，借助社交媒体创建自己的品牌，吸引眼球，希望成为下一个热门人物。

跨界颠覆

颠覆者正在崛起，他们说话做事越来越倾向于所谓的“跨界”，我们或许称其离谱，却能引起大众关注，收获影响力。

离奇偏门

在全球范围内，个人主义盛行，大家无论年龄大小都敞开胸怀，接纳新事物，追随自己的激情，开创偏门副业，并越来越欣赏彼此之间的奇特差异。

第五章　无性别化

何为“无性别化”（Ungendering）大趋势？

传统的性别分类和性别标签被变幻不定的性别身份所代替，迫使我们重新认识员工、顾客、品牌和亲朋好友。

2017 年，我收到一封签名不同寻常的电子邮件。发信者的姓名和头衔下有这么一行字：“我偏爱代词他们（them）/ 他们（they）。”几天后，我收到另一位朋友的来信，签名与上一次类似：“我偏爱代词她（she）/ 她（her）。”我立刻意识到，这种新签名做法是性别转向的最新体现，其实早在 2011 年，我就开始关注这种现象了。

2008 年，在完善《匿名的香蕉为什么不热销》时，我发现很容易在线上读到关于男性开拓进取经商创业的精彩故事，而女性创业的故事却不多见。为了弥补这种不平等的现象，我发起了命名为“人格项目”（Personality Project）的活动，重点讲述四十位成功女性的创业故事。我在这个项目中获得了深刻见解，其也促使我在 2013 年推出了第一个与性别相关的趋势——“女性权利”（Powered by Women）。

从那以后，我们对性别角色的传统认知受到了挑战，甚至土崩瓦解。性别曾是简单的二元选择：你要么是女性，要么是男性。尽管20世纪70年代以来，我们对性别角色的传统认知已经发生了改变，但我还是难以理解为何在十年前收到这样的电子邮件签名。

然而，情况瞬息万变。2014年初，脸书（Facebook）将此前有限的性别选项扩展到了58个。在此后不到一年的时间里，社交平台上的性别列表就增加了70余个选项，其中包括一个自由格式字段，用户可以创建自己的性别标签，也可以放弃添加。

三年后，《国家地理》（*National Geographic*）长篇大论地讨论“性别革命”，并将其拍成一部关于性别认同的纪录片，由记者凯蒂·柯丽克（Katie Couric）制作并解说。她就性别问题采访了一些科学家、心理学家、活动家、作家和普通家庭，提出了各种各样的问题：什么是性别？什么是双性人？我们需要几种性别分类？

关于这些问题，纪录片并未提供任何权威回答，但它明确表明，很多人不认为性别标签是受孕时所确定的。相反，大家逐渐接受性别可以由自己决定，甚至可能在我们的一生中不断变化。另外，描述性别的词汇越来越多，包括非二元、无性别、非常规、流性人、跨性别、无性恋和多性别。

我们生活在无性别化的时代，女人阴柔和男人阳刚的刻板印象已属老套，那些根据性别为我们设定的传统标签和角色已经没有任何意义了。这也推动形成了一种全新的观点，即性别在我们购买产品、享受体验甚至界定自己的方式中扮演什么角色？

对越来越多的企业来说，这迫使他们对推广营销、商品销售（男女尺码）、提供服务的方式，甚至产品分类等方面的基本假设和信息进行彻底的重新构想。

强势女性运动

过去十年间，越来越多的强势女性角色出现在电影和出版物中。例如，《饥饿游戏》和《分歧者：异类觉醒》（*Divergent*）等反乌托邦青少年系列图书就以强势女性领袖为主人公，非常畅销。《女孩崛起》（*Girl Rising*）等获奖纪录片引发了一场关于女孩教育重要性的全球对话。而《女子监狱》（*Orange Is the New Black*）和《权力的游戏》等改变社会文化的电视剧则刻画了经历种种个人蜕变的复杂女性角色。这些人物的出现反映了女性界定自己的角色和性格的变化，我也在 2017 年将此命名为“强势女性”（Fierce Femininty）趋势。

漫画小说《普利亚的守护神》（*Priya's Shakti*）即使按照超级英雄的故事背景，也非常暴力。该故事于 2014 年在孟买漫展（Mumbai Comic and Film Convention）上首次发布，讲述了普利亚这位乡村女孩惨遭轮奸，死里逃生后，她承担起阻止针对女性暴力行为的使命。小说刚面世就被下载了 50 多万次，其塑造的勇猛的女英雄形象激励了无数新生代女生。

这本书出版几个月后，“我也是”（#MeToo）运动开始席卷互联网，话题标签也成为女性讲述自己在工作场所遭受性骚扰或性侵犯的战斗口号。爆红一年后，《纽约时报》（*New York Times*）认为大约有二百名有权势的男士因受到性骚扰的公开指控而被解雇，而他们的工作有一半被女性取代。畅销书作家、编剧吉莉安·弗琳（Gillian Flynn）在采访中说："最终，女性觉醒了，是因为她们愤怒了，获得了权力，开始强势回归。"

在 20 世纪 70 年代，对于许多人来说，理想的女性应该"十全十美"，能兼顾工作和家庭，会把家里收拾得妥妥当当。后来，女性被人们誉为"魔术师"，期望她们在工作中和家庭里都能维持超高标准。这种外观假象现在正以极其危险的速度坠落，取而代之的是无可置辩的强势女性形象。女人可以是坚强、认真的，可以做妈妈，也可以选择"其他身份"，这是作家梅勒妮·诺特金（Melanie Notkin）自己创造的词语，用于称呼那些自愿选择不生孩子或"因客观情况不孕"（从未遇到合适的人）的女性。如今，女性结婚时间越来越晚，接受高等教育的人数超过男性，更多的女性选择创办公司，正如弗琳指出的那样，女性不再坐等别人给她们机会，而是"拥有一席之地"。然而，虽然女性和女性气质的转变已经持续了十多年，但与此对应的男性和男子气概的演变才刚刚成形，其加速发展还是最近的事情。

糊涂阳刚

上中学时，我最喜欢的系列图书是《甜蜜高谷》(*Sweet Valley High*)，它讲述了杰西卡·韦克菲尔德（Jessica）和伊丽莎白·韦克菲尔德（Elizabeth）——一对来自加州甜蜜谷的金发碧眼的双胞胎的人生轨迹。这种图书常被称作"少年丑角"，在 20 世纪 80 年代深受欢迎，鼓励年轻读者少看电视，多读书，但主要针对年轻女性读者。丛书作者弗兰辛·帕斯考（Francine Pascal）在采访中告诉《洛杉矶时报》（*Los Angeles Times*），“真相是，男孩读书到12岁左右，然后喜欢外出玩耍，直到大约18岁才重新开始愿意读书”。

我记得自己喜欢外出玩耍，但每次归来进屋，就会读到一个关于杰西卡和伊丽莎白的浪漫冒险故事。有点难为情的是，当我还是一名小男孩的时候，曾一次性从图书馆借出五六本《甜蜜高谷》。我敢肯定，有好几次图书馆管理员认为我在帮自己的妹妹借书。毕竟，在那个时候，男生读关于青春爱情的书籍是非常少见的事情。

从此以后，即使我们对女性角色的看法已显著改变，但看待男子气概和父亲身份仍然单调肤浅，混淆不清。有证据表明，这种不适造成了男人和男孩对如今成为男人意味着什么感到焦虑不安，这也是我们在2019年趋势报告中所说的“糊涂阳刚”趋势。

2018年6月，民意调查网站538（FiveThirtyEight）进行了一项调查，有1615位自称男性的成人参与。调查人员想知道在“我也是”运动之后，媒体对职场性别不平等和性骚扰的关注是否改变了男性对男子气概的看法，但结果是矛盾的。调查对象中有53%的人认为，让别人觉得自己有男子气概对于他们来说非常重要，49%的人表示约会时总是抢先支付账单。超过半数的人认为，“我也是”运动后，男性在职场处于不利地位，因为他们“被指控性骚扰的风险更大”。调查结果显示，即使文化其他各方面都在反思性别歧视和工作中的不平等对待，但很多男性仍然承受着相同的社会压力，要求他们坚持传统但已过时的男性思想。

作家莎拉·里奇（Sarah Rich）给《大西洋月刊》（*The Atlantic*）写了一篇强有力的文章，认为仅仅依靠赋予女孩权利来实现性别平等，无意间强化了这样一种观念，即接纳传统男子气概行为（如自信和勇敢）的女孩更容易成功，而接纳传统女性行为（如善良和合作）的男孩则不会成功。里奇总结道："当学校和父母告诉孩子们，'假小子'女孩是淘气包，但'娘娘腔'的男孩容易陷入孤独之中，这也相当于说，社会重视和奖赏男子气，而不是女人味。男孩们得到这一信息，结果强化了一个令人困惑的信念：只有一种方式可以成为男孩（引申开来，即只有一种方式表现得像男人）。这样就不用参加那些'专属女生'的活动了。"

这是什么意思呢？可悲的是，即使在今天，在图书馆借阅《甜蜜高谷》的年轻男孩很可能会让个别人皱起眉头。

男性困惑

如今，男人对男子气概的困惑很大程度上是由媒体和文化的偏见造成的。当女人们越来越多地从广告商那里获得赋能女性的信息（如"你可以做任何事！"）时，男人则往往认为自己被描绘成无能、嗜酒、只对娱乐感兴趣的傻瓜。虽然大家对这些刻板印象普遍不满，但广告宣传却持续不断。最近 MDG 公司调查发现，85%的父亲认为他们知道的比广告商称赞的还要多，74%的“千禧世代”父亲觉得广告商和营销人员“与现代家庭的动态变化脱节”。

如今，已经有广告商开始注意到这一点了。芭比娃娃（Barbie Dolls）现在同时售卖给女孩和男孩。汰渍洗衣粉（Tiole）的广告主演是美国橄榄球联盟（National Football League，NFL）著名的四分卫德鲁·布雷斯（Drew Brees）。在广告中，他正在洗衣服，巧妙地被打造成为“家庭设备经理”。然而，这些偶尔出现在媒体上的进步形象未能引起足够的关注，职场仍然赶不上现代家庭的动态变化。几十年来，我们一直在争论“全职妈妈”这种刻板印象，却从未探讨过“全职爸爸”这种老套的印象，即父亲应该每天朝九晚五（或更长时间）地工作。

皮尤研究中心（Pew）的一份报告称，即使在今天，双薪家庭中的父亲仍被认为是养家的顶梁柱。很多人期望母亲能平衡工作、带孩子看病以及购物之间的关系，这样的期望流行于诸多公司，通常来看，即便公司允许男人早早下班参加孩子学校的活动，在文化上也是难以接受的。

全球之声（Mashable）的布列塔尼·莱文·贝克曼（Brittany Levine Beckman）写道：“男人们闲谈时，正常情况下还不会夸自己最近成功地换了尿布，甚至请陪产假也可能被看作无能的表现。”结果，人们期望男人可以成为顶梁柱般的平等伴侣和感情上可以依赖的父亲，但他们很难平衡这些需求和工作之间的关系，因为职场不能包容他们，反而让他们更加难以将家庭摆在首位。

为什么睾酮可能被高估

多年来，大家认为男女之间存在着本质区别，从单口喜剧到婚姻咨询辅导都将此观点作为素材。总而言之，男人和女人生而不同，正如1992年约翰·格雷（John Gray）出版的那本畅销书的标题：男人来自火星，女人来自金星（*Men Are from Mars*, *Women Are from Venus*）。然而，万一他们不是这样的呢？

心理学家科迪莉亚·法恩（Cordelia Fine）教授以及其他杰出的研究人员为这种不可接受的观点，贴上了“神经性别主义”的标签。在《性别的错觉》（*Delusions of Gender*）和《荷尔蒙战争：性别、科学和社会的错误认识》（*Testosterone Rex*: *Myths of Sex*, *Science*, *and Society*）中，她对男性和女性大脑天生不同的假设提出了挑战。更具体地说，她驳斥一种普遍的理论，即男性大脑里的睾酮比女性大脑里的睾酮更多，使男人更适合某些工作，女人更适合其他工作。她认为，这种说法可以说是一切性别刻板印象的基础。例如，男人更善于逻辑思考，女人更有教养；男人更果断，女人更善协作。

法恩的说法如此新奇，以至于有人认为这是对性别的人身攻击，甚至可能是对他们自身身份的攻击。《荷尔蒙战争：性别、科学和社会的错误认识》一书出版六个月后，在亚马逊（Amazon）的评论差不多有一半只给了一颗星。这个评分异乎寻常，很可能反映了大家对她研究成果的两极分化的政治反应，而不是这本书真正的价值。然而，我们理解和讨论超越男女性别问题的方式正在发生转变，法恩的研究只是其中的一个例子而已。

第三性别

虽然非二元性别身份的概念似乎仍是一个边缘观点，但是种种迹象表明，这一经常被人误解的标签正在获得全世界的认可。人们逐渐认识到，一个人的社会性别（gender）可能不同于其生理性别（sex）。

新生儿的生理性别在出生的时候就已经确定了，其依据是宝宝的生殖器官。然而，社会性别对很多人来说是一个身份问题，事关如何表现自我，如何社交互动。越来越多人认为，社会性别从来都不是单称词项，而是根据人们如何向世界展示自己来描述的。乔纳森·凡·奈斯（Jonathan Van Ness）是网飞公司（Netflix）真人秀节目《粉雄救兵》（*Queer Eye For The Straight Guy*）的主演，在《出柜杂志》（*Out*）的采访中，他或许完美地总结了社会性别，他说道："我经常性别错乱。有几天我觉得自己像男人，而过了几天，我又觉得自己像女人。"

撰写本书的此时此刻，全美十多个州已经通过了立法，允许个人在自己的驾照和身份证上选择中性选项：X（这个字母用于取代 M 或 F）。过去十年间，包括澳大利亚、德国、加拿大以及印度在内的十多个国家也允许在护照上有第三性别选项。

随着世界各国更加包容接纳非两性身份，很多企业和品牌正在通过重塑产品和消费体验，以适应这个无性别的新世界。

无性别消费

2016 年，《封面女孩》（*CoverGirl*）公布其首位男性代言模特——17 岁的詹姆斯·查尔斯（James Charles），其摄影作品迅速走红。仅仅两年后，香奈儿（Chanel）开始效仿，推出了第一款男士美妆系列——“香奈儿男孩”（Boy de Chanel），倩碧（Clinique）、汤姆·福特（Tom Ford）以及其他品牌纷纷效仿，其他行业可能也会竞相模仿。美国联合市场研究（Allied Market Research）机构指出，到 2022 年，男士个人护理用品市场的价值预计高达 1660 亿美元，年增长率超过 5%。

为儿童制作的产品，如衣物、玩具以及家居用品，全在远离无意义的性别定位。由于大家强烈反对粉红色和蓝色品牌战略，很多玩具公司的包装更具包容性，避免给产品贴上性别标签，尤其是针对学龄前儿童的产品。

然而，向中性玩具的转变并非一帆风顺。2012 年，乐高（LEGO）推出了专门为女孩设计的“乐高好朋友系列”（LEGO Friends），此款玩具一经推出，就立即遭到了批评，家长和记者都要求解释为什么女孩需要与众不同的粉色乐高玩具。乐高并没有在惊慌之下发布召回公告，而是告诉人们，他们如何进行大量研究，才开发出了针对女孩的特殊产品系列（历时四年，采访了 4500 位女孩和妈妈），并解释为什么这是个好主意。

消费者认同了，从此“乐高好朋友系列”非常流行，为公司带来了创纪录的利润，并吸引更多女孩购买乐高玩具。这是此品牌创立 80 多年来，获得的最大成功。

一个设计得如此“老套和女孩子气”的产品系列，却获得了巨大成功，这说明将产品与性别问题区分开来绝非易事。毕竟，孩子们从婴儿期就接收到了“男女有别”这样的社会暗示。改变偏见不会一蹴而就，通常需要几代人的努力才行。

然而，也有迹象表明，这个过程正在加速发展。广告巨头智威汤逊（J. Walter Thompson，JWT）的观察小组最新调查显示，“82%的 Z 世代（Gen Zre，指出生在 1995 年至 2015 年的人）认为‘性别并不能像过去那样定义一个人了’”。这一代年轻人好像不大愿意接受传统的性别角色曾经加在自己身份上的限制，更不用说他们选择喜欢什么，选择爱谁了。

换言之，未来属于那些对传统性别不再小题大做的人——以及那些和他们同样思考的人。

总结无性别化趋势

没有什么趋势能像性别认定一样，对我们的文化产生根本性的影响，或有如此大的潜力改变我们的生活方式和彼此之间的关系。当性别不再是首要问题，也不再是我们生活的分辐透镜时，就会带来困惑，也会给那些愿意重塑自我的人带来机会，告诉他们应该怎么做，采取何种方式和团队、客户以及周围的人们交流互动。

有些情况下，这会引发争议，行动迟缓的领导者和品牌会失去机会，或出现失误，被敏感的消费者迅速揭露。可以肯定的是，会有很多新机会为以前的性别化产品和消费体验打开市场，赢得更多客户的青睐，甚至培养更具性别包容性的职场，并且有些人将性别视为范围而非二元选择，我们也能从其多元化的视角中受益。

如何利用无性别化趋势

1. 除去不必要的性别化

如今，人们都在重新考虑性别在他们愉快经历中所扮演的角色，这会促使那些具有包容性和同理心的产品与服务取得成功。仔细看看你现在的产品和服务，尤其是产品的包装与营销，想一想如何去除不必要的性别化，使其更加兼收并蓄，更加面面俱到。

2. 鼓励无害的男子气

如果男人或者男孩对传统女性事物表现出好奇心时，不要立即批评指责，而是要鼓励他们。若要强化这类体验，在描述男人以及男女之间的关系时，可以考虑使用非常规的形象和信息，以鼓励无害的男子气概，并确保男人（尤其是男孩）的爱好得到大家的认同，大方公开地分享自己的喜怒哀乐，不论性别，尊敬善待所有人。

3. 加强性别同理心

要想转变思维，把性别看作一个范围而不是二元对立，并非易事。但是，如果领导、教师和政治家能转变思维，可能会大大提高工作效率，因为先前被社会排斥的人们，终于感到被理解，他们会回以倍加尊敬与忠诚。

无性别化趋势演进

回顾与此相关的以往趋势（2013—2019 年）：

女性权利

商界领袖、流行文化和开创性研究都不约而同地证明了我们的未来领袖将是冲在一线且富有创新精神的女强人。

反刻板化

在社交媒体和娱乐圈中，性别角色开始发生转变，另一种关于全新生活方式的设想还在接受考验，多样化元素持续增加，定义他人的认知方式也在不断发展中演变。

强势女性

最近几年，强势独立的女性形象不断出现，重新定义了女性气质的概念，也重塑了性别角色。

不明性别

传统性别角色定义的转变，让有些人完全排斥性别概念，而另一些人则打算在产品和消费体验的过程中掩盖自己的性别，甚至不愿透露自己的身份。

糊涂阳刚

日益高涨的女性赋权运动和对性别的重新思考导致了普遍困惑与焦虑，不知道在当今做个男子汉有何意义。

第六章　即时知识

何为“即时知识”（Instant knowledge）大趋势？

当我们习惯了碎片化学习时，可以实现随时随地按需学习，并从中快速受益，但可能会忘记知识与智慧的价值。

我上大学的时候，有两类课：讲座和讨论。听讲座时，教室里坐满了学生，大家听专家介绍某一话题或主题；而上讨论课时，教授或助教会带领学生小组就每周的任务交换看法，非常有意思。作为一名英语专业的学生，我参加的讨论式课程比讲座多。

在亚特兰大（Atlanta）埃默里大学（Emory University）上大三的时候，我在图书馆选修了一门关于爱尔兰诗歌的课程，这里藏有诺贝尔奖获得者、诗人谢默斯·希尼（Seamus Heaney）的档案。同一学期，我还选修了一门科学课，隔壁就是享誉世界的耶基斯国家灵长动物研究中心（Yerkes National Primate Research Center）。

那时候，想要学习这类知识，唯一途径就是选课向教授们学习，需要花费一整学期的时间。

如今，我可以上网观看几十个有关希尼的访谈，以及有关其生平的纪录片。我也可以在油管上观看关于“灵长类动物大脑不对称”的讲座，或者报名参加有关的线上课程。但是，在线观看采访或讲座，不能等同于在教室与同学们激烈地辩论，也不能等同于与学者教授面对面地交流。不过，不论好坏，这种方法可以勉强替代课堂教学，大家似乎越来越愿意做出妥协，接受现实。

现在，专家们不再幽居学术象牙塔，让人质疑其价值。相反，他们可能是社会名流或业余人士，正在寻找新方法以分享自己的知识学问。然而，知识这个词只是在表面上描述你的所知所识，与智慧所表示的含义是不同的。这种“即时知识”趋势所带来的好处，也可能会让专业知识陷入危机。如今，我们可以轻而易举地获得知识，只知皮毛，无须苛求精通，专业知识还有什么意义呢？长时间以来，很多院校都承诺会帮助学生提升专业水平，但当今社会，人心浮躁，不再渴求专业知识，这些院校该怎么办？

高等教育危机

据估计，全美助学贷款金额已经超过了 1 万亿美元。有报告预测，2020 年出生的孩子未来将在私立大学平均每年花费可能高达 50 万美元。然而，即便高等教育的费用不断飙升，学生也不一定就能获得相应的回报。越来越多的高校加大了对体育运动方面的投入，而不关注学术。学术界的批评者对这种做法的有效性和根本价值提出了质疑，其中就包括《大学的终结》（*The End of College*）的作者凯文·凯利（Kevin Carey）。他写道：

“在大学的传统教学过程中，几乎没有学生认真学习。大学并没有改善自己的教学质量，却收取了一笔数额不小的费用。”

一些企业家把学历学位当作荣誉的象征，同样让人们质疑高等教育的价值。大学辍学创业并成为亿万富豪的例子屡见不鲜，致使上大学才能成功的人生信念早已崩塌，取而代之的是条条大路通罗马。职业技术学校注重专业知识技能的培养，并且还颁发技能资质证书，越来越受到学生们的欢迎。在线学习技术不断进步，让各种学习内容可以随时获取，不受大学校园的限制，也不需要获得学历学位证书——我们在 2013 年称这一趋势为“非学位学习”（Degree-Free Learning）。

主动者的学习

由于高等教育领域里发生了这些转变，各种类型的教育机构应运而生，以满足人们学习的愿望，帮助他们做好准备，适应职业发展的需要。42 码农学院（Code School 42）是一所实验性的计算机编程学校，总部设在巴黎，其教学模式与传统大学截然不同。学校于 2013 年由法国亿万富豪泽维尔·尼尔（Xavier Niel）创办，他曾自学编程，认为人人都可以这样自学成才。42 码农学院完全自由，没有老师，没有教室，学生按照自己的节奏学习。遇到问题时，鼓励他们相互请教，或者干脆自己想办法解决。

学校非常重视学生的志向抱负，并认为积极主动、发奋努力和自强不息的人能够成功。这种自我激励的精神正在流行起来，有些理念超前的高校正在关注“60 年高等教育项目”。此项目主要由各校的继续教育学院推动实践，提供正规的教育课程，并颁发学历学位证书；也提供短期课程，注重工作技能的培养和聚焦学术前沿。

就在 20 年前，20 世纪 90 年代“X 一代”（Greneration X）的心态经常受到批评，被斥为“懒虫文化”。现在，他们已经不再有这种心态了。他们变得志向远大，雄心勃勃，虽然时间有限，但愿意学习。他们认为自己很聪明，相信只要有专家循循善诱，任何知识都能很快地被吸收与理解。

光速学习

近 70 年来，芬达公司（Fender）一直是世界上最好的吉他生产商。该公司的首席执行官安迪·穆尼（Andy Mooney）认为，大约 90%的学生会在学吉他的第一年就放弃练习，这不仅不利于音乐的发展，而且还对芬达吉他的销售造成了一定的影响。要怎样才能让人们坚持下去呢？穆尼就这个问题采访了很多学生和老师，发现很多学生会因学习吉他进步不够快而放弃练习。如何鼓励吉他爱好者坚持学习呢？这就需要帮大家将学习弹奏吉他的过程分为若干个步骤，并给每个步骤设定学习目标，这样他们就会觉得自己进步迅速。因此，穆尼团队开发了芬达弹奏在线学习平台（Fender Play），可以根据需要提供吉他教学视频。此平台一经推出，就受到大家的热烈追捧。芬达弹奏作为 2018 年“光速学习”（Light-Speed Learning）趋势的真实写照，反映出人们越来越重视学习效率。

大量证据显示，这一趋势并未放缓。例如，大受欢迎的“美味”（Tasty）烹饪视频平台就使用了延时拍摄方法来介绍烹饪技术和食谱。2017 年，该频道在脸书上的月浏览量达到 5 亿人次。又如，“流畅词汇”（Flocabulary）教育服务平台创建了一个视频库，里面有一千多首关于历史、数学、科学和语法等学科的原创嘻哈歌曲视频，其成功是因为歌曲更简单易记，远胜记忆卡。

现在，我们用在线视频来帮助自己做数学作业，核对支票簿，或者成为更好的篮球运动员。即时知识干货打包随时奉送，不仅是提供学习知识技能的最佳方式，也可以按需安排与专家互动交流。以前这些专家要么很忙，要么大家根本接触不到……尤其是各领域的知名专家。

直溯源头

大家经常嘲笑网络作品，因为在网上，无论好坏，任何人都可以发表看法和创作。但这也带来了一个令人欣喜的好处：可以向知名专家学者学习。想向史蒂夫·马丁（Steve Martin）学喜剧吗？想向安妮·莱柏维兹（Annie Leibovitz）学习摄影吗？想和加里·卡斯帕罗夫（Garry Kasparov）下棋吗？这些人都在网上分享自己的专业知识，收费非常便宜。

科技也可以在模拟环境中教授实践技能。虚拟技术和其他沉浸式的数字工具正在帮助管道暖气行业改进认证培训项目，医药行业正使用虚拟现实工具帮助学生学习解剖操作，培养提高和病人的沟通技巧，甚至可以向经验更为丰富的外科医生学习外科手术技术。在全美和欧洲，快递巨头联合包裹（United Parcel Service，UPS）有十多处网点正使用虚拟现实培训课程模块，帮助自己的司机对路上的潜在危险做好准备。

随着这些沉浸式的数字工具改变了我们学习的方式和时空，专业知识的概念也更具包容性，不再依靠课堂教学，更加容易获取。我在2014年首次提出了这一趋势，并将其命名为“分散式专业知识”（Distributed Expertise）。

然而，这些即时课程的确也有弊端。在学习过程中，我们需要长时间地思考和理解，因此即时知识并非都能消化吸收。我们对很多方面的知识都有所涉猎，但从未深入研究与探讨，也正因为这种情况已成普遍现象，人们耗费数年甚至毕生才能掌握的知识技能，正在逐渐消亡。各个领域的专业人士也面临着后继无人的风险。

语言和传统技能之殇

每两周就有一种语言消失。联合国教科文组织（United Nations Educational，Scientific and Cultural Organization，UNESCO）的《世界濒危语言图谱》（*Atlas of the World's Languages in Danger*）显示，在过去70年间，超过230种语言已经消失不见了。全世界剩下的语言有将近一半，也就是大约2500种，在某种程度上也面临着消失的风险。正在开展的数字计划希望能在这些语言的最后一位使用者去世之前，记录一些录音视频片段，给后世留下珍贵的音频影像资料。但即便这些努力都没有白费，很多保存下来的语言也可能只会活在数据库里。

几百年以来，濒危语言不可避免地会消亡。随着我们生活的世界联系更加紧密，使用各种语言的需求正在慢慢减少。现在，掌握一种濒危语言成了一种负担，因为它限制了个人的发展前景，难以在经济全球化的背景下取得成功。

但是，一种语言消亡，通常伴随着深奥智慧的消失。语言以其独特方式描述人生百态、揭示了古代奥秘，也蕴含着未来无限的可能。随着语言和其深奥智慧的消失，我们认识理解关于人类起源的能力会消失，关于我们和我们生活的星球在将来如何才能生生不息的智慧也会消失。

从天体导航到狩猎采集食物，我们祖先所擅长的传统技艺本领都面临着同样遭遇，当人们不需要依靠它们来生存时，就会像过眼云烟一样，忘得一干二净。虽然这是一个逐渐演变的过程，但是从跑跳到投掷，人们曾经非常擅长的本领却是在不断退化的。同样地，我们在饮食和药膳方面的知识也在一直减少。

有研究显示，由于千禧一代沉迷于数码电子新产品，很少外出运动，可能会普遍出现握力降低的情况。2016 年，作家尼古拉斯·卡尔（Nicholas Carr）在《浅薄》（*The Shallows*）一书中指出，对科技的依赖也可能正在改变我们大脑的运作方式。他发现自己的思维方式发生了转变，书中曾这样描述道："过去我是潜水员，在文字的海洋里遨游。现在我就像乘坐着摩托艇，在海面上风驰电掣。"

捷径文化

若所学的知识不能用于实践，也许就不能领悟其重要的意义。我们不断寻找提高工作效率和改善生活的捷径时，却低估了培养精深技艺的重要性。如今，这种危害正在不断蔓延，因为科技所创造的各种学习方法都在避免实践，而实践却是学习和熟练掌握任何一种技术的关键环节。

过去十年间，佐治亚理工学院（Georgia Tech）图形、可视化和可用性中心（Graphics Visualization and Usability Center，GVU）的科学小组研究了被动触觉学习，即“无须练习就能获得感知运动技能”。例如，他们研发出了一种手套，可以传递电脉冲，潜意识地创造“肌肉记忆”，并让人们在无意识状态下完成触觉工作，比如读盲文和弹钢琴。早期测试显示，这种方法可以帮助人们在几个小时内学会本来需要几周、几个月才能练就的动作技术。

神经连接（Neuralink）是一家由伊隆·马斯克（Elon Musk）资助的公司，位于旧金山（San Francisco），这家公司正在努力开发可植入的脑机接口，以改善记忆，并允许把人类的大脑直接连接到电脑上。科学家认为我们的大脑具有适应新的刺激和形成新的神经通路的能力，即神经可塑性。例如，有测试发现，双语人群的脑灰质密度比单语人群高得多（意味着认知能力更高）。如果我们利用科技帮助每个人增加脑灰质密度会怎么样呢？自己根本不需要努力了吗？

多年以来，这种毫不费力的学习方式只存在于科幻领域。例如，《黑客帝国》系列电影中，基努·里维斯（Keanu Reeves）所扮演的角色尼奥（Neo）就可以将武术等技能直接下载到大脑中。在未来，这种学习方式可能很常见。与此同时，随着“即时知识”趋势的发展，我们正朝着这一目标努力前进，脚踏实地，锐意进取。

总结即时知识趋势

我们可以更快、更轻松地学会任何领域的知识，可以向权威的业余爱好者请教，也可以向知名专家面对面讨教。随着这些知识更容易获取，高等教育成本攀升日渐失控，按需学习的感知价值将继续升高。然而，这一大趋势也带来了令人担忧的负面影响。

我们的未来社会会怎样呢？简短的视频片段和肤浅的知识会取代深奥的智慧吗？更糟糕的是，如果我们所培养的年轻人只会快速学习，而缺乏深度学习的耐心和能力，他们所提供的建筑质量和服务安全性值得信赖吗？这些都是我们未来需要努力解决的问题，可能会让教育工作者以及文化技术传承人不断创新改进与世人分享知识的方式。

如何利用即时知识趋势

1. 提高学习速度

10%的有声读物听众提高了叙事速度，可汗学院（Khan Academy）同样比例的学生观看视频的节奏也更快了。最近一项研究发现，加快阅读速度并不会对理解文章内容有所影响。由于我们用于学习的时间很短，需要学习理解的知识信息却多，因此加快理解学习内容是高招妙法，甚至是必由之路。虽然这可能不会让我们变得更加睿智，甚至不利于培养预见未来（或发展趋势——如第一部分所述）的能力，但的确可以更快地获取知识。

2. 提供按需学习

多数消费者现在都知道，要修电子产品或水龙头，最佳的方法不是阅读制造商的生产说明书，而是观看油管视频，那些视频提供了简单、方便的操作指南。与专家通力合作的公司将自己的产品按需提供，有机会让客户变得更加睿智，也建立起更加持久的合作关系。

3. 努力成为资深专家

当今世界，大家心浮气躁，浅尝辄止，那些专注某一行业或某种技能数十载的匠人会因其经验而备受重视。“即时知识”趋势可能会迅速发展，若想接下来取得成功，就要平衡好快速自学和主动钻研某种领域、学科或技能之间的关系。

即时知识趋势演进

回顾与此相关的以往趋势（2013—2018 年）：

非学位学习

随着高品质的电子学习内容出现爆炸式增长，越来越多的学生认为这可以替代传统的大学教育。

方法咨询

成功的企业和企业家会建立咨询服务模式，帮助他人复制自己的成功。

分散式专业知识

可以在线上平台直接与专家学者互动交流，专业知识本身也更具包容性，学术气息淡薄，可以满足人们在现实生活中的各种需求。

光速学习

碎片化学习模式让教育更高效、更有趣、更吸引人，更有助于深入研究某一领域，成为权威专家学者。

第七章　复兴倾向

何为“复兴倾向”（Revivalism）大趋势？

科技浪潮来袭，生活复杂而肤浅，人们开始追求简单纯真的生活方式，重温往日的美好时光。

在热门喜剧《办公室》（*The Office*）第四季中，傻得可爱的经理迈克尔·斯科特（Michael Scott）决定给他的公司敦德米林夫（Dunder Mi Thin）制作电视广告。他给这家纸业公司设计的品牌标语滑稽风趣，让人啼笑皆非，但又意味深长，“无纸世界里的无尽纸张”。

有迹象表明，无纸世界可能难以避免。创刊多年的《新闻周刊》（*Newsweek*）和《青少年时尚》（*Teen Vogue*）等杂志已宣布转向纯数字出版。根据普华永道（Price Waterhouse Coopers，PWC）的《2018—2022年全球娱乐和媒体业展望》（*Global Entertainment & Media Outlook* 2018—2022）显示，“预计实体电子游戏、唱片和家庭录像的销售额每年都会下降，在某些情况下，下降率将达到两位数”。然而，事实证明，有一种媒介形式对这种变化表现出惊人的抵抗力，那就是纸制图书。

普华永道的报告还指出，未来几年，实体图书的销售额预计会适度地增长，我也从孩子们的喜好中察觉到了这一现象。不管什么时候，我问孩子们，是想读电子书还是“真正的书”，他们总是会选择后者。

在其他产品类别中，年轻人和老年人存在代沟。例如，研究表明，年轻人喜欢发短信，而老年人更喜欢打电话。但是，对实体书的喜爱似乎跨越了年龄和群体的界限，业界人士对此给出了一些合乎逻辑的解释，例如，人们喜欢在书的空白处做笔记。与阅读纸质图书相比，看电子书容易导致眼疲劳。很多人就是喜欢一页一页地翻书，尽情品味独特的书香。

虽然，直觉上这些意见有些道理，但可能还存在更深层次的原因。

2013 年以来，我一直密切关注实体笔记本、在线艺术品拍卖、棋盘游戏、黑胶唱片以及其他结合触摸元素和怀旧气息的产品的受欢迎度。我们对这些变化进行分类，形成两种趋势："珍贵的印刷品"和"值得一触"（Touchworthy）。两者都探究了应该如何重视那些可以握在手中，并以一种触觉的方式体验到的东西。觉得这些东西更有意义，恰恰是因为我们在数字领域花费了太多时间。例如，打印和摆列出来的照片更具有纪念意义，而拍摄后收藏在手机和云端的照片，恐怕今后永远不会再翻看。

如今，一个更加深刻的变化正在影响着大家。大家普遍感到生活已经太过纷繁复杂，不堪重负，会在各种物品、产品和更怀旧的体验中寻求慰藉，这些东西，如书本、桌游，让人怀旧，令人回忆起生活中简单快乐的时光。

这种变化是“复兴倾向”大趋势的核心，它解释了一切现象，从我们越来越想要低科技感产品，到为什么手工艺品和标志性的复古品牌会魅力重现，再到为什么想要保存历史，珍藏简单快乐的时光，以及其所代表的“过去的美好时光”。

纯真年代，低科技

科技发展和设计创新通常会承诺让产品更好、更快、更智能，但有些时候，新款产品不如先前版本那么功能强大，也没那么持久耐用、安全可靠、经济实惠、简洁易用。无人驾驶汽车给人们带来安全、便捷的驾驶体验，但也存在被黑客攻击的潜在风险。玩具、衣物、餐具等零售产品看似制造成本比过去更低，但也远不及之前经久耐用。

在科技圈，甚至还有一个术语叫作“变砖”，指的就是科技产品由于更新软件失败而损坏或无法使用。如今，从手机到智能汽车，任何东西都有可能变成昂贵但没用的砖头。

有时，这样过分依赖科技所带来的负面影响可能是致命的，比如2019年两架波音（Boeing）737 MAX客机坠毁就造成了悲剧。很明显，事故是由于新研发的系统故障所造成的，系统接管了飞机的控制权，飞行员无法操作，机头错误地指向下方，尽管机组人员试图从电脑上夺回飞机控制权，但未能成功。

值得庆幸的是科技不断创新，不断智能化，即使出问题了，通常结果也不至于这么严重。但是，像波音737坠毁这样的悲剧让人越来越相信，所谓的“高级”科技也许并不是最好的。

相反，有时候人们更喜欢老一点儿的，慢一点儿的，笨一点儿的选择。

2016 年，我开始撰写这种社会现象，并将其称为“自主降级”（Strategic Downgrading）趋势。三年后，此趋势演变为“故意降级”（Deliberate Downgrading）趋势。两种趋势背后所蕴含的道理是一样的：许多情况下，降级实际上是更好的选择。农业领域有个例子堪称典型——越来越多的约翰迪尔（John Deere）拖拉机配置了智能一体的气象数据和软件，但是一旦坏了，就需要很长时间来修理。

例如，2017 年全球智能手机的销量只增长了 2%，而“笨蛋手机”不能安装应用软件，不能上网，其销量却增长了 5%。有时候，人们希望“治疗”玩智能手机上瘾，便寻求这种非智能手机。还有时候，人们对智能手机待机时间短感到失望，这也促进了非智能手机销售的增长。

如今，我们很多人不再使用自己的可佩戴设备。有报告显示，三分之一的穿戴式健身追踪设备购买者的使用时间不足六个月，因为用户很快就发现这些电子产品生成的数据用处有限。

人们正在回归低科技时代，不仅是因为大家面对各种尖端科技产品会感到不知所措，而且还因为担心先进的技术会让我们容易受到伤害。2018 年 4 月，密歇根大学（University of Michigan）计算机科学与工程教授亚历克斯·霍尔德曼（Alex Halderman）发布了一段视频，展示了对电子选票机进行黑客攻击是多么容易。在观众的注视下，他让病毒入侵了选票机，保证不管输入什么选票，结果都不变。

政治事件和选举过程可能会受到黑客攻击，已经引起了全球的关注，尤其是俄罗斯干预 2016 年美国总统大选的证据曝光后，让这个问题变得格外紧迫。出于这一担心，很多人呼吁使用科技含量较低的解决方案：回归纸质选票投票。霍尔德曼对《亚特兰大宪报》（*Atlanta Journal-Constitution*）说："选举安全性不尽如人意。最安全的方法是让选民用纸质选票。"

由于怀疑科技让我们的生活方式受到伤害，我们不仅希望回到低科技时代，也会去寻找那些能勾起美好回忆的产品和品牌。

品牌信任

2019 年 11 月，一则出乎意料的广告登上了德国《国际经典摄影》（*PhotoKlassik International*）的封底。这则广告画着一家人驾车驶过 20 世纪 60 年代的老景点，旁边贴着标语："出来旅游吧！给您的生活添加点儿调味料……摄影，重现几代人的美好记忆！"

大家惊奇地发现，发布这则广告的居然是柯达公司（Kodak），在过去十年间，这家公司一直以沉默的方式提醒着世人它仍然存在。

2012 年，拥有 131 年历史的伊士曼柯达公司宣布破产。该公司的倒闭堪称警世寓言，也告诉我们，目光短浅的公司在竞争激烈的市场中难以立足。据说，20 世纪 70 年代，柯达的工程师史蒂夫·萨松（Steve Sasson）发明了数码相机，但公司没有重视数码摄影技术，而是选择保护其核心业务：销售胶片。现在，这个品牌不过是以前柯达的壳子罢了。1990 年以来，公司年收入已经下降了将近 90%。在过去十年里，柯达已经裁员逾 10 万人。在普遍认为柯达已经衰落且一蹶不振的情况下，其正迎来着小小的复兴。

对于我们这些成长于数码时代之前的人来说，柯达是过往人生的一部分。大家仍然会记得购买柯达胶卷，相信柯达会帮我们记录生活中最重要的时刻，让昨日重现。很多老照片的背面甚至还有柯达的商标，也证明这个品牌实际上在我们记忆里打上了深深的烙印。

2017 年以来，柯达一直利用大家越来越喜爱模拟相机以及我们对这个品牌的好感，大力推广其传统产品和模拟相机产品。柯达重新推出了其标志性的“超八摄像机”（Super 8 camera），为死忠粉丝恢复了“埃克塔克罗姆”（Ektachrome）反转胶片的生产，还推出了杂志《柯达克罗姆》（*Kodachrome*），庆祝“模拟相机文化”。此外，柯达还和时装零售商合作，推出了一系列印有品牌标识的街头复古服饰。

由于对高科技心存疑虑，越来越多的消费者开始喜欢有年代感的产品。如今，复古当道，怀旧成风，柯达的回归并非个例，这样的故事正在各行业中上演。

从阿根廷布宜诺斯艾利斯（Buenos Aires）到加拿大埃德蒙顿（Edmonton），街机游戏厅（Barcade，提供精酿啤酒和快餐的复古游戏厅）不断扩张。在这里，三四十岁的人们玩起了少年时的游戏机，重温过去的点点滴滴。面对这种机会，索尼（Sony）、任天堂（Nintendo）、世嘉（Sega）等电子游戏制造商哪能错过，纷纷发布经典的游戏机型，20 世纪八九十年代的游戏界面卷土重来，其中大多数都受到疯狂的追捧。例如，任天堂经典的红白机（Nintendo Entertainment System Classic）预装了 30 款游戏，最初售价 60 美元，刚发布就被抢购一空，然后有人在易趣网（eBay）转售，标价数百美元。

我们对往事如此痴迷，同样也影响了娱乐行业。《侏罗纪公园》（*Jurassic Park*）、《玩具总动员》（*Toy Story*）、《黑客帝国》等广受欢迎的系列影片或宣布推出新片，或拍摄续集。另外，很多演员也再登舞台，重演自己的成名角色。在新的《星际迷航》（*Star Trek*）系列中，帕特里克·斯图尔特爵士（Sir Patrick Stewart）将重演让-卢克·皮卡德舰长（Captain Jean-Luc Picard）。哈里森·福特（Harrison Ford）回归了他的经典形象——《星球大战》中的汉·索罗（Han Solo）、《夺宝奇兵》（*Raiders of the Lost Ark*）中的印第安纳·琼斯（Indiana Jones）和《银翼杀手》（*Blade Runner*）中的瑞克·戴克（Rick Deckard）。

当今世界，纷繁复杂的选择将我们湮没，拨回时钟，让时光倒流，去寻找那些带给我们美好回忆的电影和游戏——更为重要的是，我们知道它们不会让我们失望。

手工艺品魅力恒久远

消费品领域也同样如此，大家总是喜欢用传统方法制作并且经得起岁月洗礼的手工艺品。买这些东西是一种有价值和意义的体验，也是我们购买快速消费品的“解药”。

例如，世界上最好的雨伞出自意大利那不勒斯（Naples Italy）的一家小作坊，其主人马里奥·塔拉里科（Talarico）一家祖祖辈辈都是制伞工匠，潜心做伞150多年。这些伞都是由塔拉里科和学徒工（也是他的侄子）用意大利当地木料手工雕刻而成的。做一把雨伞要花费七个小时，每年只卖220把，每把售价200欧元。

距离瑞士纳沙泰尔（Neuchâtel）两三个小时车程有一座城堡，同时也是一家制表作坊，主人卡里·沃迪莱恩（Kari Voutilainen）堪称世界上最优秀的钟表匠。他在素有钟表界“奥斯卡大奖”（Oscars）之美誉的日内瓦高级钟表大赏（Grand Prix d'Horlogerie de Genève）上，斩获五项顶级大奖。他每年大约生产50只表，顾客通常付给他75000美元至500000美元不等，精心创作，一表难求。

如今，像这样技艺精湛，深受大家喜爱的工匠凤毛麟角，并且还在逐渐减少。

这些工匠的绝美之作，颇具造诣，浸润着历史与传统文化。购买它们的时候，我们仿佛回到了过去，回到从老熟人手中买东西的时代，而不像现在，面对着陌生的商铺或网店。我们信任这些产品，恰恰是因为我们从制造者手中直接购买。

对手工艺品的喜爱，不仅出于想要重温往事，还渴望知道昔日的做事方法和人际关系。

数字保护和品牌历史

本趋势最后要讲述的内容与购物消费无关，与我们日趋强烈的珍藏过往、汲取教训、开创未来的愿望紧密相连。大家担心科技越来越发达，我们朝着只有在科幻小说中才有可能实现的未来狂奔，把太多的往事抛之脑后。这种担心也通过越来越多的数字化保护显露出来。

2018 年 9 月，一场灾难性的大火烧毁了拥有 200 年历史的巴西国家博物馆（National Museum in Brazil）。几年前，伊拉克和叙利亚的文物古迹被蓄意破坏。虽然这样的破坏可能难以预料，也不易打击制裁，但过去十年间，“数字修复”团队推出了各种举措方案，结合了 3D 扫描、卫星图像、无人机绘图等技术。年轻的技术达人小分队奔赴世界各地的历史遗迹拍摄照片，以便在意外发生之前，珍藏世人的记忆。

数千年以来，人类一直希望能记录生活，保存回忆。在过去一百年间，由于发明了摄影机和录像机，这样的想法变得更加生动直观。同时，还带来了令人愉快的体验，让我们可以随时随地回顾往事，有身临其境之感。

这是“复兴倾向”大趋势的最后部分，让我们清醒地认识到，玩棋盘桌游和购买手工艺伞固然是怀念往事的最佳体验，但更紧迫的是，我们需要为自己和子孙后代更好地保护历史文化遗产。

总结复兴倾向趋势

首先，“复兴倾向”大趋势描述了我们希望回到纯真年代的愿望，并将此作为当今世界生活节奏不断加快的一种应对机制。怀旧之情和对往昔岁月浪漫化的倾向，让我们钟情于手工艺品，喜欢使用简单的技术，信赖历史悠久的品牌。简言之，大家寻找的是纯真年代的文化印记，并且可以在当下重新创造它。

受到过去的吸引，对过去的物件念念不忘，但具有讽刺意味的是，我们也利用科技手段保护这些历史文物，以免其消失殆尽。“复兴倾向”大趋势既事关复古怀旧，还涉及保护历史文化。

如何利用复兴倾向趋势

1. 分享真实故事

尽可能地收集企业发展历程中的点点滴滴，并加以整理。可以记录下员工们的工作经历，比如怎样在公司上班，如何制造和销售产品。这些事情的故事性非常丰富，不仅可以加强和客户的交流互动，还可以提升公司的文化内涵，为招聘培训、市场营销和外联公关做出贡献。

2. 切换经典模式

有时候，消费者买到系统硬件升级后的产品，喜欢恢复到以前的版本，聪明的公司会提供简单的办法让用户轻松切换。

例如，微软每次发布新版的操作系统，都允许用户恢复到以前习惯使用的经典界面。最新款的三星“盖世”手机也可以切换到超级省电模式，该模式会关闭除通话之外的所有功能，瞬间“简化”手机，节省电池电量。想办法给你的产品提供经典模式的切换功能吧！

3. 增加收藏价值

纸质图书和艺术品等触觉产品的吸引力主要来自人们对收藏的热爱。收集全套藏品或在其中添加有意义的作品时，一种成就感油然而生。正因如此，我们喜欢去移民局给护照盖章，更喜欢购买整套产品而不是单品。想一想顾客的购物体验感，你可能就会增加产品的收藏价值，这样顾客便会一次又一次地前来购买收藏。

复兴倾向趋势演进

回顾与此相关的以往趋势（2013—2019 年）：

珍贵的印刷品

由于数字革命，人们更加重视纸质印刷品。

自主降级

消费者有选择性地跳过产品升级后的版本，转而选择更为简单、便宜、有时还更为实用的旧版本。

珍藏历史

科学技术为保护历史文化提供了新手段，也改变了我们借鉴和研究历史经验的方式方法。

渴望解脱

尖端科技、嘈杂的社交媒体以及层出不穷的数码产品，让生活压力陡增，人们希望按下生活中的“暂停键”，给自己留点时间去思考、去体验。

值得一触

数字时代，消费者目不暇接，厌倦了一直坐在电脑屏幕前，希望拥有看得见、摸得着的产品与消费体验。

故意降级

如今，高科技产品层出不穷，但消费者更愿意选择操作简单、价格实惠、功能强大的老版本。

怀古恋旧

当前，社会信任度下降，消费者正把目光投向历史悠久、文化内涵丰富的品牌，以及能唤醒人们怀旧情怀的产品。

第八章　人味模式

何为“人味模式”大趋势？

科技将人与人之间的距离越拉越远，同理心、人情味儿成了“奢侈品”，人们更加珍视自然真实、“不完美”的服务体验。

前些年美国金融危机爆发时，有几位技术专家创建了“机器顾问”（Vobo-advisor）——一种可以根据算法递送财务策划意见的自动化工具。此工具不需要联系客户和金融顾问，也避免了潜在的偏见与自私。两年后，企业家乔恩·斯坦恩（Jon Stein）基于这一工具，开发了百特蒙（Betterment）智能投顾平台。该平台发展迅猛，为超过 30 万客户提供服务，管理资产 164 亿美元。十年后，百特蒙智能投顾平台宣布了一项令金融世界震惊的消息：增加人工服务选项。只需交纳昂贵的资产管理费用，就可以与金融专家直接互动交流。百特蒙作为智能金融服务的主要支持者，为什么会反其道而行之，提供溢价的人工咨询呢？事实证明，在生活中的某些方面，尽管有人工智能服务，大家仍然愿意选择人工服务。

在诸多产业中，各种自动化技术正在取代以人为主导的客户交流互动，以降低成本，提高效率。零售店在尝试使用自助服务结账设备，各大品牌也通过人工智能聊天机器人提供客户服务，无人机技术和自动驾驶卡车似乎表明未来会实现全自动送货到家。

麦肯锡咨询公司（McKinsey）的最新报告预测，目前需要支付劳动报酬的生产活动有 45%可能在未来实现自动化。即便人工智能和自动化革命已经到来，但仍有迹象表明，由于客户可以与操作熟练且富有同情心的客服代表沟通交流，故而人工服务的价值与需求正在逐渐复兴。随着这种偏好逐步发展，各大品牌也纷纷做出回应，在产品服务中加入了更多人性化元素以展现其人文情怀，取悦客户。

这就是已经形成多年的“人味模式”大趋势。2011 年，刚开始编写趋势报告时，就发现越来越多的企业机构将员工及其职场的亲身经历作为卖点，我的团队将此趋势命名为“员工英雄”（Employees as Heroes）。一年以后，我们发现了“企业人文主义”（Corporate Humanism）趋势，各大公司正在努力变得更加透明公正，更加人性化。2014 年，网上最感人的故事往往会被不断地转发评论，我们将这种趋势称为“共享人文主义”（Shareable Humanity）。

这些趋势都有一个共同的主题：当今世界，科技蓬勃发展，各种迹象显示，人文关怀比以往任何时候都更为重要。

虚拟世界的真实体验

为了更好地解释这种变化，我们来看看奢侈品行业。事实上，消费者越来越注重奢侈品消费的体验感，而不是奢侈品本身，这也促使人们重新思考奢侈品的定位与价值。2018 年，奢侈品消费体验不再注重制造高端奢华的服务氛围，转而更加关心人性化服务或品牌故事，我们将这种趋势称为“平易近人的奢侈品”（Approachable Luxury）。

皮革制品零售品牌闪诺乐（Shinola）是这一趋势的典型代表，《广告周刊》（*Adweek*）曾称其为“全美最酷的品牌”。过去九年间，这家总部位于底特律的公司在全美和伦敦已经开设 31 家分店。其获得的巨大成功在一定程度上得益于品牌故事“底特律制造”，强调自己从底特律制造业的“废墟”上崛起，专注于复古手工皮革制品，这也让它赢得那些追求真实感的消费者青睐。

顾客相信购买闪诺乐的产品就是在为重建底特律贡献力量。闪诺乐手表的售价要 500 美元，但产于令人放心的汽车城（Motor City），并非瑞士，更贴近以美国为主的消费群体。

闪诺乐的故事表明，顾客在消费之前，会考虑品牌的人文内涵及其真实感。相应地，也引发了一系列令人疑惑的社会现象，最具代表性的例子就是韩国吃播视频，成千上万的观众通过短视频平台或社交网站观看他人吃饭的直播。有人说，这些视频之所以可以走红，是因为正在减肥的女粉丝看到博主一口气吃完那么多食物，会受到同样的感官刺激，好像自己也在吃东西。还有人认为，这些视频反映出在虚拟世界，尤其是网络世界里，人们对真实感的迫切渴望。现实生活中也有许许多多的证据支持后者的观点。

扬脆弱，纳瑕疵

虽然大家很容易觉得社交媒体主要依赖无聊的内容博人眼球，但很多玩笑都夹杂着真实的感人时刻。人们不仅在网络上展现脆弱，而且还和朋友、家人，甚至陌生人分享生活中的悲伤、不安、动荡以及其他不完美的时刻。实际上，社会流行的不完美与“不完美”政策并不一样，此趋势是脆弱和真切的结合。

安娜·阿卡娜（Anna Akana）的视频在油管点击量超过3亿次，这与胸怀抱负的女演员和音乐家很像，她还专门为年轻女性观众制作了一些其日常锻炼的可爱视频和励志短片。与其他人不一样。她最受欢迎的视频是将近十年前发的，标题是：“请别自杀”，在这段长达4分44秒的视频中，阿卡娜讲述了她姐姐自杀后，自己和家人的亲身经历，她含泪恳求着观众，千万不要对自己的亲人做同样的事情。视频流露出的真实感，令人心碎，犹如病毒般迅速蹿红。

另一个广为人知的例子是喜剧演员艾米·舒默（Amy Schumer），她在日历照片上展示自己不完美的半裸造型，然后在社交媒体上发帖称：“美丽、粗俗、强壮、瘦弱、肥胖、漂亮、丑陋、性感迷人、令人作呕、无可挑剔的女人。谢谢@安妮·莱博维茨（Anniele Ibovitz）。”她的经历说明了明星如何通过坦诚面对自己而赢得粉丝喜爱。当然，这也成为娱乐圈和时装行业的转向标，长期以来，亘古不变的身材标准不切实际，一直饱受非议，如今，也开始重视不完美的身材。

2017 年 5 月，《艾丽》（*Elle*）杂志封面人物登出了患有白癜风的模特温妮·哈洛（Winnie Harlow），由于色素脱失，其皮肤多处出现白斑。现在，许多品牌都在广告中更加突出模特的真实感，有些甚至还签署了“不使用修图软件”承诺，避免过于失真。

了解彼此之间的缺点，会更加相互理解，更富有包容心，也让大家更愿意接受那些帮助我们换位思考的品牌。

品牌投资，换位思考

2017 年 1 月，总部位于英国的零售巨头乐购（Tesco）特意在其苏兰格的一家门店设置了“慢速结账通道”。在各品牌优化升级零售市场时，都是优先考虑青年群体的购物体验，而老年人、残疾人、精神疾病患者以及行动缓慢或者需要工作人员帮助的人往往容易被遗忘。因此，乐购特意为他们设计了“慢速结账通道”。

最近几年，我们发现许多品牌都在努力创造类似的体验，以迎合那些过去不受重视的群体。例如，星巴克在华盛顿特区开了一家“手语门店”，紧邻着举世闻名的聋人学校加劳德特大学（Gallaudet University）。微软、思爱普（System Applications and Products，SAP）、福特和其他实力雄厚的企业都在主动招聘神经多样性人士（自闭症患者）和身心障碍者。在西班牙马德里（Madrid），普拉多博物馆（Prado Museum）展出了六幅世界名画的三维复制品，让视障人士通过手指触摸来体验这些伟大的艺术作品。美国时尚品牌汤米·希尔费格（Tommy Hilfiger）则推出了关爱残障人士的服装系列——“汤米适配”（Tommy Adaptive），在服饰上装有磁性纽扣和大开口，方便假肢穿戴。

所有这些举措都把对员工和客户的关心理解放在企业服务体验中的重要位置，而不是将其视为不得不承担的社会责任。更为重要的是，这些努力让企业从培养员工忠诚度到吸引高端客户青睐等方面都有所突破，也收获了丰厚的经济回报。

有时候，关心他人有助于人们从根本上改变看待世界的方式，也便于了解拥有着特殊经历和思维方式的陌生人。在这方面，维也纳的玛格达斯酒店（Vienna's Magdas Hotel）就很有说服力。这家高端酒店与欧洲非营利组织明爱会（Caritas）共同发起一项公益活动，允许落魄潦倒的难民入住酒店，推动人们换位思考，关心经常遭遇不公正待遇的社会群体。

虚拟同理心

虚拟现实技术（Virtual Reality，VR）让人身临其境，将大家带入全新环境的虚拟版本。它可以让我们设身处地为生活极度贫困或深受战火威胁的难民着想，也有助于更好地了解我们的生存环境，甚至让我们更有人情味儿。

克里斯·米尔克监制的《锡德拉的云彩》（*Clouds Over Sidra*）就是一部效果完美的虚拟现实纪录片，戴上虚拟现实头戴显示器设备，跟随 12 岁小女孩锡德拉（Sidra）的视角，感受叙利亚难民的日常生活。在《千切之旅》（1000 *Cut Journey*）中，观众将成为一位年轻黑人，遭遇来自同学和警察的种族歧视。《卫报》（*The Guardian*）利用虚拟现实技术，让玩家体验单人监狱的生活。以上内容都是2016年"虚拟同理心"（Virtual Empathy）趋势的典型案例。正如米尔克（Milk）在2015年TED演讲中所说的，虚拟现实技术是"世界上最伟大的同理心机器"，可以发挥其潜能帮助我们与他人产生共鸣。

随着虚拟现实技术的不断改进，其越来越受到用户的青睐，这不仅有利于完善令人着迷的娱乐体验，还有助于推动更广泛的科技应用。在制造业，虚拟现实技术有助于了解消费需求；在教育行业，它可以帮我们养成良好的学习习惯；在其他方面，可以让我们更富有同理心。

孤独绝望

或许没有什么比企业家利用创造力缓解全球孤独感指数上涨更能体现同理心的人文价值了。

孤独感指数的增长并不能完全归咎于科技发展。某些情况下，孤独感与工作岗位有关，比如卡车司机就会感到非常孤独。此外，岁月流逝、亲人离世也会让活着的人感到独孤寂寞。孤独感会让人身心疲惫，以至于有人会寻求一些异乎寻常的方式缓解压力，比如违法犯罪。

在日本，20%女犯人的年龄超过65岁，其中大多数都是故意犯罪，如在便利超市偷窃。"我更喜欢监狱生活，"有犯人承认道，“在这里有人聊天闲谈，一点也不孤独，并且我对外面的世界也没什么可留恋的。”

我们时常听说这类孤独的故事：绝望中夹杂着渴望。在很多情况下，尤其是在早年生活中，孤独感是伴随衰老、社交圈和家庭关系的疏远而产生的。在某种程度上，这是长寿所导致的，但随着年龄增长，身边几乎没有什么年轻人再来照顾年迈的我们。如今，人口老龄化严重的日本就对这种社会现象深有感触，其他国家或地区也将面临这种现实问题。根据预测，预计到2030年，美国老龄化人口的数量将超过儿童。

据美国退休者协会（American Association of Retired Persons，AARP）调查，65岁以上的老人有近90%喜欢在家养老，这就让如何照顾老年人并确保其生活质量变得尤为紧迫。有大量的医疗证据显示，老人在家养老，身体会更加健康，但最重要的是家人子女通常不会雇佣人照顾老人，自己也没时间照顾，导致包括孤独感在内的一系列养老问题涌现出来。

讽刺的是，科技可能会帮助我们解决这个问题。

机器宠物，数字头像

日本还有一类孤独人群——长时间在办公室工作，没有家人陪伴的上班族。为了给予他们陪伴关爱，一家名为“门盒”（Gatebox）的公司推出了一款全息影像智能伴侣“虚拟妻子”，提供包月服务。每天工作回家，她会和你打招呼，叫你起床，甚至可以成天给你发信息，关心你的近况。

吉宝（Jibo）是全世界最友好的机器人，于2017年首次推出。当时，消费者都很喜欢这款机器人，甚至还登上《时代周刊》（*Time*）的封面，被称为年度最佳发明之一。不幸的是，不到一年的时间，吉宝背后的投资公司就停止了开发生产，其服务器也可能随时关闭。

有人说，失去吉宝就像失去了家人，可见人们对一款精心设计的机器人所产生的感情是多么的深刻。当数字头像由真人操控时，这种情感联系会更加刻骨铭心。

一家名为“关爱辅导”（care. coach）的公司推出了一款通常以动物形象出现的数字头像在线服务，在平板电脑上与用户互动交流。它会提醒用户按时吃药、喝水和就医。实际上，数字头像由后台工作人员实际操控。平板计算机的单向视频功能可以让工作人员密切关注用户的一举一动，如果发现异常情况，便会打电话求助医生。更重要的是，关爱辅导的工作人员会鼓励用户分享自己的经历，倾听他人的故事，朗读美文和提供亲人般的陪伴。

对用户来说，虚拟的头像成为宠物与朋友的结合体，关心他们，并在需要的时候提供帮助。关爱辅导的深度个性化服务之所以取得成功，是因为它不仅满足了基础护理需求，还提供了情感服务。另外，此服务一直在设身处地地为用户着想，让他们生活在熟悉安全的环境之中，并能与挚友促膝而谈。

浏览人味模式趋势

智能自动化的发展正呈现出一种显著的附带效应：人性化

体验更受欢迎，更有价值。正因为渴望真实感，我们才希望能面对面地互动交流，信赖那些有各种小缺陷的明星、品牌和产品。科技虽然常常被视为一种非人性化的力量，但其提供的全新、切实的方法，也带来了更多的人性化体验。例如，与栩栩如生的全息影像和机器人互动，与数字头像背后的工作人员交流，以及通过虚拟现实技术理解关心他人。

这些创新将显著地改变我们照顾老人的方式，并帮助孤苦落寞或生活困难的人。同时，这也存在一定的风险，面对面的人际交流可能越来越被视为一种奢侈品（或被出售），只有富人才能有钱购买。未来，人性化体验的需求与服务成本之间的矛盾，既是机遇，也是社会冲突的主要来源。

如何利用人味模式趋势

1. 以人性化方式交流

在商务交流中，经常会不假思索地说出伤人的话，并且很容易被人误解。有一次，我见到一位商界领袖，他认为自己说的都是实话，没有“混淆视听”的意图。很难相信，说这种话的居然是一位商界精英。在未来，企业和行业领袖需要有意识地减少使用专业术语，以更人性化的方式交流沟通，这样才能获得客户信赖。

2. 为人性化而创新

创新经常被视为科技的代名词，尤其是当科技现实优化升级时，这种共识显得更加突出。然而，创新实际上是寻求做事的新方法，有时候，最好的创新就是致力于提高人性化体验，而不是追求更快、更实惠。正如乐购的“慢速结账通道”，用同理心去重新思考日常购物，你也可以反思自己的经历，如何在生活中变得更关心理解他人。

3. 接纳“不完美”

你觉得如果意大利的比萨斜塔（Tower of Piso）没有倾斜，会成为经久不衰的观光胜地吗？有缺陷的东西之所以吸引人，是因为不完美让其看起来更加真实。无论对于商业还是我们自己，这种想法都是极为重要的经验。展现自己的不完美，得到他人的信任，是因为你展露出真诚与令人怜悯的脆弱。缺陷与不完美让你更真实，在越来越多的情况下，人情味儿才是最重要的。

人味模式趋势演进

回顾与此相关的以往趋势（2011—2019 年）：

喜好经济学

“网红”为品牌带来社会资本，帮助人性化品牌赢得未来。

易近名人

社交媒体让人们与以前遥不可及的社会公众人物直接交流沟通。

员工英雄

各种品牌都在通过讲述员工的工作经历，来展现企业的人文内涵。

企业人文主义

企业积极研究在公共场合展示品牌文化的方式，以彰显其人文内涵。

共享人文主义

人们开始喜爱充满人情味的生活故事，品牌在市场营销方面投入了更多的精力与时间，社交媒体上所发布的内容也融入了真情实感。

虚拟同理心

日趋火爆的虚拟现实体验将激发人们和企业的同理心，这也得益于虚拟现实技术能让人以第一视角沉浸式探索世界。

平易近人的奢侈品

奢侈品不再是具有独特、稀缺、珍奇等特点的消费品，而成为值得分享、令人难忘且更加务实的人性化服务体验。

不完美，惹人爱

随着人们越来越渴求个性化服务体验，品牌和设计师更加注重展现产品缺陷以及消费者的喜好、特点，使产品和服务体验更吸引人、更具真实感。

人味模式

随着自动化不断发展，人们更加渴求具有真实感的个性化服务体验，开始注重产品所提供的建议、服务以及与他人的交流互动。

企业同理心

同理心被称为企业创新与盈利的驱动力，也是产品、招聘和服务体验的差异点。

第九章　关注度财富

何为“关注度财富”（Attention Wealth）大趋势？

在信息经济时代，注意力是最宝贵的资源。人们不愿意再被操纵注意力，希望能与朋友真诚交流、坦诚以待。

美国得克萨斯州举行的西南偏南音乐节（South By Southwest Festival，SXSW）广受欢迎，我第一次受邀出席并发表演讲时，发现同时段居然安排有27场活动。幸运的是，这次活动有很多参与者，我不用担心没人来听演讲。反而真正的挑战是，如何让大家集中注意力，毕竟坐在我这里，可能还会想着他们所错过的那些活动。

错失恐惧症（Fear Of Missing Out，FOMO）是一种极易受影响的情绪心态。在西南偏南音乐节上，如果某个会议引发社交媒体上的热议，附近活动的参与者就会马上赶来。值得庆幸的是，我的演讲并没有人转身离开，但其他演讲者却遇到了这种情况。

活动结束几周后，我写了一篇文章，提出西南偏南音乐节也许成为人们总是会错过很多事情的典型例子：不管做什么，不管去哪里，你一定错过至少95%的事情。出席任何会议都有硬成本：其他活动在不断提醒自己，你错过了很多有意思的事情。这也意味着没有人在认真地参加会议，一直在心里惦念着其他事情，错过了所有的活动体验。

不幸的是，这个问题似乎我们每天都会遇到。被数不胜数的选择轰炸，以至于我们无法做出抉择。可靠报告显示，专注力的持续时间越来越短，虽能在短时间内集中注意力，但周围环境的干扰却让这变得更加困难。我们也变得越来越挑剔，越来越难以被吸引。

同时，我们的关注度对于企业、品牌、政治家，甚至朋友圈、同事圈都是无价之宝，也是描述信息驱动社会趋势的术语。这是一个受"关注度财富"驱动的世界。如今，拥有政治、金融和社会影响力的成功人士最能吸引我们的注意力。由于这种现实状况，对我们关注度财富的争夺已经演变成一场全面的战争，希望将财富货币化或者利用财富巩固权力。在现实社会中，这场战争的影响力几乎处处可见。

品牌通过盛大的推介晚会来宣传自己和产品，新闻网站上的标题轰动煽情，吸引大家的关注，点击量攀升不断。政客们为了赢得民众支持，发些离奇的推文，就像路边的严重车祸吸引众人围观一样。

品牌和企业正在通过视觉冲击和令人震撼的活动氛围赢得人们的关注。可以预见的是，他们哗众取宠的行为让我们对整个社会充满了怀疑，对信任的人更加挑剔，对能短暂吸引关注的事情也更加容易分心。为了应对这种状况，也为了持续吸引我们的关注，他们所制作的宣传活动也越来越壮观。

活动时代

飞行日（Flugtag）大赛也许是世界上最大的年度集会，人们在这里可以看到各种失败场景。每个团队将驾驶亲自设计的人力推动飞行器，从发射平台上搞笑般地落入水中。飞行器大多数也会随之报废。

此赛事是能量饮料品牌红牛（Red Bull）赞助的众多大型活动之一，与其他品牌相比，红牛更懂得如何利用赛事活动赚钱。它还曾主办了速降车坠山赛，以及策划了世界上最高的超音速自由落体运动，吸引数百万人观看了网络直播。在过去十年间，红牛打造了属于它自己的传媒帝国，涉及影视、流行杂志以及数十个具有代表性的赛事表演活动。

时至今日，其他品牌一直将红牛视为榜样，希望也能吸引公众的关注并从中获利。因此，也涌现出很多千奇百怪，甚至荒诞不经的活动案例。

例如，菲多利公司（Frito-Lay）在线上和时代广场（Times Square）的信不信由你博物馆（Ripley's Believe It or Not）内都推出了奇多博物馆（Cheetos Museum）。馆内向顾客展示了各种名人造型的奇多食品，包括芝士伯拉罕·林肯（Cheesebraham Lincoln）和洛芝士怪物（Locheese Monster）。场馆按照波普艺术风格设计，如稀奇古怪的冰激凌主题馆（Museum of Ice Cream），糖果主题馆（Candytopia）拥有十二个游客互动项目和棉花糖游泳池，犹如糖果盛宴。在这本书最后收尾的阶段，我去购物中心时，正好路过一家万圣节自拍博物馆（Halloween Selfie Museum），发现在这里可以与令人毛骨悚然的万圣节鬼怪合影。

这些地方为自拍照提供了完美背景，也用更加丰富多彩、令人难忘、值得在照片墙分享的环境体验取悦游客。这迎合了我们想要独特体验感的愿望，却也拍出了与他人同样背景的照片。2019 年，我们将此趋势命名为“战略奇观”，并详细描述了利用这种趋势的社会群体。此后，我们发现这种趋势现象愈加普遍。

零售活动

零售商开始采用这种策略，用令人惊叹的活动体验来赢得客户的关注。与此同时，商场也正在从购物中心转变为产品体验中心。十多年来，零售店马丁帕特里克 3（Martin Patrick3）一直在采用这种策略，早已打破了传统零售业的界限。

马丁帕特里克 3 位于明尼苏达州双子城近郊的一座拥有 130 年历史的仓库中，出售各种奇怪的产品组合：家具、时尚男装和室内设计服务。马丁帕特里克 3 这个名字听起来很亲切，经营起来就像一座小城市的街区，有酒吧和理发店。与其他商场不同，顾客进店的那一刻，它会叫出老顾客的名字，为新老顾客带来别样惊喜。同时，还会为顾客提供各种意想不到的商品和最优质的服务。

随着电子商务行业不断发展，大型实体零售商一直担心“展示厅现象”（Showrooming）——消费者只在实体商店里试用商品，随后从网络商城，如亚马逊那里购买。为了避免这种现象造成实体店的销售业绩持续下滑，一家澳大利亚的商店甚至向进店不购买商品的顾客收取“观看费”。

然而，随着时间的推移，零售商们开始提供令人难忘、沉浸式的多渠道购物体验，牢牢抓住客户的关注，吸引他们现场购买或者在网上商城下单。这种策略甚至给濒临破产的品牌一次重焕活力的机会。例如，在申请破产仅仅两年后，玩具反斗城（Toys“R”Us）就在2019年宣布，将推出一系列体验店，让孩子们可以“在货架过道中跑来跑去，玩新玩具”。

许多曾颠覆传统零售行业的数字化主导品牌也开始推出实体零售店，如沃比帕克眼镜（Warby Parker）、格拉塞尔（Glossier）以及最引人注目的亚马逊。其中很多举措倾向于体验活动。在2016年里约热内卢奥运会举办期间，三星“盖世”系列推出了奥运会限定版手机并配有收藏奖品。线上床垫零售商卡斯珀推出了线下睡眠体验概念店“梦境宝典”（Dreamery），为忙碌的曼哈顿人提供午睡预约服务。

为了获得关注度财富，这些活动体验都采取了最可靠的策略：讲故事。

讲故事的艺术

在过去的报告中，“背景故事”趋势曾反复出现，我对此趋势也已经撰写和演讲了十多年。在过去的15年间，作为一名策展师和演说家，我一直满怀激情地宣传品牌故事的重要性，堪称行业的形象大使。我在乔治城大学开设了一门研究生课程，讲授企业文化故事。讲故事是事半功倍的好方法，因为人脑更喜欢倾听引人入胜的故事，而不是枯燥乏味的事实道理。明白了这一点，各大品牌也开始通过讲述自己的企业故事和展现“不完美”来赢得我们的关注和信任。

胡达·卡坦是一位美籍伊拉克裔化妆师、企业家和社交达人，喜欢称呼自己为“大家的美女闺密”。实际情况还真差不多，她在照片墙上的粉丝数量超过四千万，被《时代周刊》称为互联网最有影响力的网红之一，所拥有的品牌胡达美妆（Huda Beauty）正在迅速扩张，有望成为风靡世界的美容帝国。

胡达住在迪拜（Dubai），通过博客耐心解答粉丝们的问题，并在视频教程中演示如何使用她的新款产品，以此吸引大家关注。在视频中，胡达将自己包装成一位邻家挚友的形象，赢得无数忠诚粉丝的喜爱，也将他们变成了自己品牌的潜在消费者。

各大化妆品公司都渴望拥有这种吸睛能力。2018 年，美容和个人护理行业就发生了 52 宗企业收购事件，是近十年间最多的一年。那些小公司并非因其产品受欢迎而被收购——毕竟研发配制新产品通常很容易——而是因为公司创始人拥有众多忠实的粉丝，这是一种无形的财富。

在胡达这样的真人网红迅速崛起的同时，越来越多的虚拟网红也受到了粉丝们的疯狂追捧。

虚拟网红

16 岁的流行音乐巨星初音未来（Hatsune Miku）每次在世界各地的演唱会门票都会销售一空，网上演唱视频点击量早已突破一亿大关，还通过品牌代言获得了不菲的收入。

初音未来依靠社交媒体迅速走红，并非是最有趣的看点。最与众不同的是，她并非人类，而是一个虚拟的动漫人物。自其人气飙升以来，受邀代言丰田卡罗拉等品牌，并在真人乐队的伴奏下举办演唱会。初音未来甚至成为日本札幌市（Sopporo）的形象大使，人们也把这里当作她的出生地。

初音未来并非个例，伦敦时尚摄影师卡梅伦-詹姆斯·威尔逊（Cameron-James Wilson）就创作出了虚拟模特舒杜（Shudu），她皮肤黝黑，格外引人瞩目。舒杜凭借着一张涂抹着芬蒂美（Fenty Beauty）口红的数码照片迅速走红后，威尔逊收到了众多品牌的合作邀请，这也使得舒杜不仅仅是一件虚拟艺术品，更成了知名的网红模特。莉尔·米克拉（Lil Miquela）也是一位在照片墙上粉丝众多的虚拟网红，2019 年年初，她与真人模特贝拉·哈迪德（Bella Hadid ）在时装品牌卡尔文（Calvin Klein）的商业广告中疯狂拥吻，引发争议。这些虚拟网红的强势崛起是一种获取关注度财富的新方法，也是我们在 2019 年“虚拟网红”（Artificial Influence）趋势所重点关注的社会现象。

很多时候，像初音未来、舒杜和莉尔·米克拉这样的虚拟网红之所以获得成功，是因为吸引了大家都非常想争取的青少年群体。众所周知，这一群体非常不易控制，各大品牌都在想方设法地吸引他们。因此，虚拟网红能抓住年轻人的心，也理应获得品牌的赞助。

为了获得关注，虚拟网红模糊了真假之间的界限，让我们难以判断应该信任谁。随着人工智能深度换脸技术的不断发展，这种信任也将进一步受到考验。深度换脸技术是指用人工智能技术将一个人的脸移花接木到另一个人的身体上，呈现出让人误会的假象。

换脸技术与破坏注意力

2016 年，人工智能深度换脸技术改变了菲律宾总统选举的结果，也在全球媒体的斥责中声名狼藉。关于总统候选人莱拉·德利马（Leila de Lima）的性爱换脸视频在脸书上疯传，大家都指责这些视频毁掉了她与罗德里戈·杜特尔特（Rodrigo Duterte）公平竞争的机会，让后者轻松当选。

菲律宾颇具争议的选举结果公布数月之后，芝加哥大学（University of Chicago）的研究团队建立了一个神经网络，可以写出在线餐厅点评，与真人所写别无二致。研究人员赵燕斌（Ben Zhao）指出，这种技术可能以后会“让我们不再相信什么是真的，什么是假的”。

他可能说对了。一些自私自利的个人和公司借助科技，歪曲事实真相，吸引我们的关注。这也会让我们变得更加多疑，甚至对合乎逻辑且经过实践检验的事情也不敢相信。

关注和操控愤怒

在唐纳德·特朗普获得2016年美国总统大选胜利后的三个月时间里，《纽约时报》（*New York Times*）的订阅用户大幅度飙升，打破了历史纪录，在不到一个月的时间里，数字用户增加了30余万人。尼尔森公司（Nielsen）的电视收视率数据显示，2017年第二季度，福克斯新闻网（Fox News）、美国有线电视新闻网（Cable News Network，CNN）和微软全国广播公司（Microsoft/National Broadcasting Company，MSNBC）的有线新闻节目都出现了两位数的收视率增长。2017年第一季度，美国有线电视新闻网的收视率创下了14年来的新高，而福克斯新闻网的收视率则打破了有线新闻的历史纪录。

有观察家认为，这种增长现象是别有居心的新闻媒体工作者所导致的，通常被称为“愤怒色情”，是指作者以故意激起民众愤怒的方式撰写文章的内容和标题。自由派和保守派的媒体常常使用这种手法。一旦行之有效，则影响巨大。换言之，由于注意力的盲从性，愤怒已经成为新闻媒体行业追逐利益的驱动力。

尽管很多行业机构宣称，在新闻报道过程中，会做到公正、客观，但读者还是会被网络中夸大其词的新闻和评论吸引。

2017年，我第一次撰写这种社会现象时，将其称为“操控愤怒”（Manipulated Outrage）趋势，也是当时我们讨论最多的趋势之一。如今，网络上令人愤怒的新闻故事呈现出爆炸式增长，其操控者也趁机想利用我们的怒火而从中获利。新闻频道 24 小时不间断地播报着哗众取宠的日常新闻，却宣称这些新闻报道非常关键和重要。电视中的评头论足，实际上损失的是对现实的共识。

当然，也有好消息。有迹象表明，这种现象可能已经达到了发展的极限。由于媒体过分哗众取宠，以至于人们开始怀疑一切，不论是看到的、听到还是读到的。每一条突发新闻都在吸引我们的关注，但当我们发现其中并没有重要的信息时，就会变得越来越麻木。吴修铭（Tim Wu）在《注意力商人》（*The Attention Merchants*）一书中将这种现象称为“希望幻灭效应”。他说道：“不管是被灌输、愚弄、戏耍或有意操控，当受众开始意识到他们正在被恶意利用，其反应可能会非常强烈，并且在脑海中留下深刻的印象，从而带来极坏的商业后果，需要进行彻底的改造。”

当世界已燃起熊熊大火，大家都没有闻到烟味时，有什么好担心的呢？不是浪费时间吗？不幸的是，即使烟雾真的到来了，仍有很多人认为那只是排烟机排出的烟雾。我把这种现象称为“现代可信度危机”，我们不确定要相信谁、相信什么或者关注什么。

当发生这种情况时，会发觉唯一可以信任的就是自己。

见识越多，心胸越狭隘

我们被来自品牌、媒体和政客的喧闹信息所包围，他们都在争夺我们的关注度，模糊了真假之间的界限，我们也开始变得应付自如，有选择性地关注新闻报道。为此，我们坚定理想信念，结识志同道合、志趣相投的朋友。在这个过程中，我们也变得更加故步自封，对他人的观点视而不见。2018 年，我们将这种趋势称为“实践调查”（Truthing）。

这种内省型趋势的主要影响就是，我们更加关注某个策展人，让他们告诉我们应该把注意力集中在哪个方面。有时，这些策展人会帮助我们以一种简单且实际的方式了解世界正在发生的变化，就像与哥哥姐姐聊天一样，他们虽然固执己见，但绝无偏见，总是先知先觉。

最广为人知的例子是前电视新闻制片人丹妮尔·韦斯伯格（Danielle Weisberg）和卡莉·札金（Carly Zakin）精心策划的电子邮件简讯“每日略读”（Daily Skimm）。简讯主要面向千禧一代的女生，订阅用户已经超过七百万人。过去的两年间，我也以给读者提供类似帮助为目标，每周都出版《非显著简讯》（*Non-Obvious Newsletfer*），策划一则最有价值却被低估的故事。

不幸的是，有时我们可能误信了策展人。多数美国有线新闻脱口秀主持人的行为就能解释这种观点，他们很喜欢激起大家的愤怒，把持不同意见的人称为白痴，鼓励更加狭隘的世界观，但却广受欢迎。如果我们从这些人手中获得新闻信息，得到的不过是《纽约时报》作家娜塔莎·辛格（Natasha Singer）所称的“网络回声”（online echo chamber），个性化蒙蔽了我们的双眼，接触不到也学习不到其他观点。

这种占绝对优势的操纵者势头强劲，对开放性思维、创新意识甚至社会民主都构成了极大的威胁。当今社会，见多识广也会让我们变得目光短浅、思想狭隘，坚持非显著思维成为一件极为困难的事情。

浏览关注度财富趋势

在信息经济时代，关注度就是金钱。越来越多的报告显示，随着专注力的持续时间不断缩短，各品牌、媒体和政治家都在竭尽全力地吸引我们注意。只有获得我们的关注，他们才有钱可赚，这也使得关注度变成了新形式的财富。为此，他们利用哗众取宠、煽动仇恨情绪以及文化冲击等手段，让受众对社会更加疑惑。面对这种纷繁复杂的环境，我们不得不求助于值得信赖的策展人来搞定一切。有些策展人非常可靠，可以帮助我们辨认干扰信息，还有一些策展人则思想保守，用耸人听闻的方式获取我们的关注。与此同时，为了吸引我们的关注，有些人利用虚拟头像、人工智能换脸技术以及激起愤怒情绪等方式改变我们的观点与思维。

当发觉关注度蕴含着巨大财富时，我们就会更加认真地思索，哪些人值得关注，哪些人不值得我们耗费精力。当今世界，我们不仅要有效把控好关注度财富，还要合理运用它，使其发挥出最大的作用。

如何利用关注度财富

1. 注意活动反响

随着争夺关注度的竞争愈演愈烈，持续不断的商业活动吸引着大家的关注。在纷繁复杂的环境中，可能需要某种搞笑或者令人惊叹的活动效果，但让人们抬头仰望片刻并不等同于真正吸引了他们的关注。此外，企业或者品牌如果不将自己定位为活动策划师，可能会损失信誉。不尊重客户对品牌的关注或者未能兑现承诺，都会付出惨痛的代价，不论此后如何取悦客户，在今后很长的一段时间里，都将难以挽回其信任。

2. 让真相更加透明

每个企业和品牌需要寻找新方法来赢得消费者的青睐。这也意味着，要找到顾客最信任的信息来源，并与其建立联系。寻求对等验证，让资深机构提供信息来源的认证，或者聘请有影响力的权威人士为品牌或者企业代言。

3. 分享背后的故事

为了打破喧嚣，请分享不为人知的故事，让客户了解你在做什么，为什么这么做，怎么去做。例如，奢侈品牌爱马仕（Hermes）推出了一部电影，讲述了消费者在法国里昂（Lyon）的丝绸工厂参观，并向其展示爱马仕丝织品如何生产制造。如果能以生动有趣的方式分享背后的故事，谦逊谨慎地展示产品的技艺或者贸易过程，不仅可以吸引老客户，还能赢得潜在新客户的青睐，让他们更加关注甚至购买你的产品。

关注度财富趋势演进

回顾与此相关的以往趋势（2011—2019 年）：

极度透明

极度坦诚会让市场宣传更犀利、更有效，品牌在使用了这种出人意料的策略之后，受到消费者疯狂追捧。

热情零售

聪明的零售商让人充满激情，顾客不仅会购买产品，还会对购物体验赞不绝口，甚至向自己的亲朋好友推销介绍。

零售剧院

未来一年中，更多的零售商会利用剧场模式，创造独特的购物体验，让顾客参与其中并留下深刻的印象。

背景故事

企业发现深挖品牌背后的故事，是激发客户忠诚度和推动产品销售的最有效方式之一。

哗众取宠的策展

引人入胜的文章内容配上耸人听闻的题目，带来了百万级的浏览量，导致新闻与娱乐之间的界限日渐模糊，也推动智能策展逐渐取代了传统新闻报道。

操控愤怒

在媒体推广、数据分析和广告宣传的合力作用下，喧嚣吵闹的社会氛围持续不断，其主要目的是在网络和现实生活中，激起人们的愤怒和煽动民族的仇恨情绪。

实践调查

随着媒体与社会公共机构的信任度不断下降，人们开始通过直接观察或者面对面交流来探寻事情的真相。

虚拟网红

内容创作者、企业和政府机构利用虚拟现实作品改变公众认知与生活方式，并以此推广销售产品，甚至将幻想变为现实。

战略奇观

品牌与策划师利用宣传活动来吸引消费者的关注，提高客户参与度。

第十章　目的盈利

何为“目的盈利”（Purposeful Profit）大趋势？

消费者和员工希望企业在生产经营的过程中肩负起社会责任，制定可持续发展战略目标。作为回应，各大企业纷纷调整产品版本、表明立场态度、把企业宗旨摆在首位。

25 年前，著名户外品牌巴塔哥尼亚（Patagonia）的创始人伊冯·乔纳德（Yvon Chouinard）写了一篇文章，标题为“未来一百年”（*The Next Hundred Years*），提纲挈领地描述了他对未来的展望。

在巴塔哥尼亚迅猛发展的同时，伊冯·乔纳德面临着一个艰难抉择：卖掉公司，为他所支持的环保事业成立基金会，还是继续打造自己的品牌。最终，他还是选择了后者。“可能我们所能做出的贡献，就是推动自己的公司成为社会变革的工具，”他写道，“同时，也要引领同行业的其他品牌立足当下、放眼未来、相时而动。”

这两点巴塔哥尼亚确实都做到了。仅在过去十年间，该品牌就曾起诉美国政府收回公共土地，将几百万美元的收益捐赠给环保公益事业，首创“电子零售”理念，允许消费者以旧换新，并创建了互动网站，顾客可以追踪关注产品的生产销售流程。2018 年底，伊冯 · 乔纳德甚至雄心勃勃地改写了品牌宗旨："巴塔哥尼亚正在努力地拯救我们地球家园。"

这种管理地球生态环境的拼搏精神，对商业发展也大有裨益。过去七年间，巴塔哥尼亚的收益翻了两番，每年超过十亿美元。但其并不在意营业收入增长，反而更加关注社会发展存在的突出矛盾与问题。

尽管巴塔哥尼亚取得成功，但多年以来，其一直被商界视为异类——宣扬一种令人心动但不切实际的利他主义企业文化。如今，斗转星移，世事变迁，消费者的权利意识逐渐增强，也意味着他们在消费或者招聘时，更青睐于对社会公益事业做出巨大贡献的品牌或公司。成功的衡量标准已不再是营业收入的增长，只关注自己的业务对品牌来说已远远不够了。人们更加期待他们能站出来，解决社会矛盾，为信仰挺身而出，否则就会面临着失去客户和员工信任的风险。我们称这种社会趋势为"目的盈利"，它反映出一种新的商业现象，企业在承担更多社会责任的同时，也会获得有形的商业回报。

赋权消费者

过去，消费者获取信息的渠道有限，对所购买的产品的制造过程了解不多。当然，大家可以阅读食品、化妆品和清洁用品的配料表，但对于好奇的人来说，这些信息内容太过简略。

如今时代变了，由于互联网技术高速发展，信息透明度越来越高，消费者可以了解企业的制作流程甚至行业惯例。现在，人们就非常了解血钻的含义，关于果糖和果葡糖浆的危害也是尽人皆知。此外，各大公司也因在网上非法收集客户资料，而被迫做出澄清说明。

在许多情况下，睿智的企业家和品牌会开发能提供有关生产过程和企业投资信息的应用程序，让消费者可以给品牌产品、技术能力和企业对外投资贸易打分。

卡塔琳娜·兰塔宁（Katariina Rantanen）就是这样的老板，她在赫尔辛基（Helsinki）的研发团队就开发了一款应用程序，可以让消费者立即查询到化妆品的主要成分和美容公司的信用等级。用户只需要用手机扫描产品的条形码，名为“美容有道”（CosmEthics）的应用程序就会直接显示出产品的生产过程，是否含有违禁成分，是否做过动物实验。

刚刚创建的数字银行“志向渴望”（Aspiration）恰如其名，向客户的账户提供一项特殊的查询服务，能自动获取其所购买品牌的环保信用等级，并根据消费金额对个人进行环境影响评估。2019 年，瑞典金融科技公司大可经济（Doconomy）推出了世界上第一张碳排放信用卡，不仅记录用户购买行为所消耗的二氧化碳排放量，还以人均可排放二氧化碳总额度代替个人信用消费限制。

这些公司推动了一种全新的概念，即“用钱包投票”，在社会上也引起了强烈反响。更多赋权消费者的应用程序即将推出，帮助他们在各个领域做出明智的选择。

表明立场

2018 年，我们向大家介绍了“开明消费”（Enlightened Consumption）趋势，提出消费者开始通过商品购买、工作地点以及投资选择等方式来表达自己的价值观。例如，16 岁的政治活动家、维权英雄格蕾塔·桑伯格（Greta Thunberg）就发起环境保护运动，在瑞典国会大厦外静坐抗议，得到了全球人民的支持。

尽管发起此次运动旨在让全球各国采取有效措施，保护生态环境，减少碳排放。但消费者也意识到，可以要求企业提升生产销售透明度，并通过是否购买其产品来促使他们减少对环境的污染。例如，对转基因食品、高果糖玉米糖浆和人工配料的抵制，导致从麦当劳（McDonald's）到玛氏食品（Mars）等众多全球食品品牌不断提升配料采购过程的透明度。随着公众开始向一次性塑料吸管“宣战”，许多连锁餐厅被迫全面禁用。

消费者表明立场的另一种方式，就是对信赖的品牌或企业持续追加投资。在环保公益领域做出巨大贡献的企业，往往会得到大量资金的支持，并且股票价格也一路飙红。全球可持续投资联盟（Global Sustainable Investment Alliance）收集了来自世界各地的数据，认为社会责任投资从 2017 年至 2019 年增长了 34%，达到了 30.7 万亿美元。根据摩根士丹利可持续投资研究所（Morgan Stanley's Institute for Sustainable Investing）的数据显示，投资给拥有环保公益责任感的企业或基金公司，千禧一代的金额可能是普通人的两倍。

消费者和投资者对践行可持续发展理念的企业兴趣更浓，也促使企业作出相应的改变，确保运营生产符合伦理道德。正如乔纳德预测的那样，企业正在追随消费者的脚步。

品牌立场

企业想要吸引消费者，就应该表明自己的立场，突出企业文化理念。早在 2018 年，我们就首次撰写了“品牌立场”（Brand Stand）趋势。在未来的十年里，践行文化价值理念、热衷公益事业以及积极承担社会责任的企业，将会继续赢得公众的心。

这种趋势的分水岭出现在 2014 年，当时全美最大的连锁药店西维斯健康（CVS Health）停止销售烟草产品。据权威人士分析，这一决定将使该品牌每年损失约 20 亿美元的收入。2019 年，西维斯健康的首席执行官拉里·梅洛（Larry Merlo）称赞这一大胆的选择不仅重塑了公司的未来，甚至还改变了医疗保健行业。在 2014 年至 2019 年，西维斯健康收购了一家大型健康保险公司（安泰保险，Aetna），将旗下的连锁药店全部改造成健康医疗服务中心，为消费者提供专业化的医疗健康服务。在此过程中，其年收入几乎翻了一番。

有些时候，品牌表明立场的方式会略显低调。位于丹麦比隆（Billund）的乐高工厂举世闻名，其 100 多名科学家和工程师通力合作，重新设计了一款已发售 80 多年的产品。

乐高可持续材料中心是乐高的内部机构，资金充裕，致力于在未来十年内研发出一种更加环保的新型材料，用以制造积木块。2018 年，该中心申请了首项发明专利，从甘蔗原料中获取植物基塑料，制作树叶、棕榈树等柔软型积木块。

在乐高，你可以深切地体会到这种致力于环保和可持续发展的责任感。如果消费者注意到乐高在环保领域所做出的努力，并要求其他公司也给出类似的前瞻性承诺，乐高很可能会改变整个玩具行业的发展进程。

变革英雄成就不可能

在职业生涯初期，英国时装设计师斯特拉·麦卡特尼（Stella McCartney）就发誓绝不在作品中使用皮革、皮草或动物羽毛。但是在奢侈品市场，动物权益保护者和直言不讳的素食主义者难以取得成功，毕竟奢侈品多数都是用动物皮革制作而成的。不出所料，麦卡特尼的做法一开始就遭到了业内人士的嘲笑和奚落。

但麦卡特尼毫不气馁，决定深入了解时装和纺织品行业对环境的破坏性影响。当得知她所从事的行业每年会排放 12 亿吨温室气体时，她就为自己的公司制订了宏伟远大的可持续发展计划。其产品原材料都是有机棉、再生纤维、可持续林场木材、可生物降解塑料包装，肯定不会使用动物皮草。

一路走来，她成为顾客心目中的巾帼英雄，被看作降低时装产业对环境影响的斗士。最终，她的成功在业界掀起了一场环保浪潮，这在十年前是难以想象的。2017 年，古驰（Gucci）、范思哲（Versace）、博柏利（Burberry）等奢侈品牌也宣布不再使用动物皮草作为产品的原材料。

这可以说是一种良性循环。像斯特拉·麦卡特尼、伊冯·

乔纳德这样具有深谋远虑的业界领袖，推动旗下的公司积极参与环保公益事业，受到消费者的青睐追捧，进而促使整个行业都纷纷效仿。

这种循环还有一种影响，那就是让各大公司开始要求有合作关系的供应商创新技术产品，承担社会责任。

最有趣的案例来自美国田纳西州（Tennessee）北部的罗伯逊县（Robertson County），这里曾经依靠种植烟草为生。如今，在莎拉·贝洛斯（Sarah Bellos）与其石溪颜料公司（Stony Creek Colors）的帮助下，当地农民开始改种靛蓝植物。颜色鲜艳的靛蓝植物可以用于生产天然蓝色染料，以取代多数牛仔布料所使用的有毒合成染料，这也与麦卡特尼这种可持续设计师及其消费者的环保理念相符。

大胆创新，主导潮流

由于消费者对那些勇于承担社会公益责任的企业和品牌青睐有加，促使大批像贝洛斯一样的企业家制订类似的环保公益计划，让世界变得更加和谐美好。2017 年，我们将这种社会现象策展为趋势，并命名为“登月梦想的企业家精神”（Moonshot Entrepreneurship）。

“登月计划”是指短期内不一定会产生任何经济利益，但是却能造福人类、改变世界的项目计划，人们通常也会认为这些想法根本不可能实现。异想天开和狂妄自大催生出许多这种想法与计划，往往也都是以失败而告终。然而，随着全球性问题的矛盾日益尖锐化，解决重大问题必须有这种勇于进取的企业家精神。此时此刻，冰山正在融化，亚马孙森林燃起了熊熊大火，极端天气每周都占据着新闻报道的头条。为了防止环境问题进一步恶化，人们开始逐渐认同那些大胆超前的想法与计划。2019 年，我们将这种趋势称为“乐善佳运”（Good Speed）。

海洋清理项目（The Ocean Cleanup）最初只得到了投资者的支持，很多专家学者都唱衰。这一疯狂想法是由 25 岁的荷兰企业家博扬·斯莱特（Boyan Slat）所提出的，在海洋上安装浮动“网兜”，利用洋流走向清理太平洋垃圾带（据估计，在夏威夷和加利福尼亚之间的海洋上漂浮着 1.3 万亿件塑料垃圾）。

这个计划确实有些异想天开，并且在最初实施起来也是困难重重。直到 2019 年 10 月，也就是博扬·斯莱特在 2019 年 TEDx 大会上提出此计划七年之后，其项目团队终于从太平洋垃圾带上捞起了第一批塑料垃圾。

提升者崛起

关键计划项目的最有力支持者通常都是公司内部人士，这听起来有些不可思议。消费者与员工主张自己的权益，企业也尽量满足他们。2015 年，企业开始注重培养员工的正念力量，以鼓励大家开拓创新，提升员工参与感，我们将此趋势命名为“主流正念”。

伊莱扎·沙阿（Eliza Shah）博士和帕雷什·沙阿（Paresh Shah）是提升领袖（Lifter Leadership）的创始人，阐明了目标、正念和组织绩效之间的关系。他们开创性地研究定义了“提升者”，涵盖了所有年龄段的新兴群体，可以通过培养他们来推动专注力提升、文化创新、健康办公和行业变革。提升者是意志坚定且富有激情的工作者，他们在提升自己的同时，还鼓舞身边的朋友、同事、客户甚至是整个公司。毫无疑问，这些都会对企业的运营生产给予切实的帮助。根据经济学教授拉吉·西索迪亚（Raj Sisodia）的研究，培养和自觉应用正念的企业在业绩方面将有十倍左右的提升。最终，明智的企业不仅会通过产品创新、承担社会责任、定位发展战略目标以及宏伟的社会改革计划来重塑品牌形象，还会让我们的世界变得更加美好。

总结目的盈利趋势

以前，品牌会把自己的角色限制在与公益活动相关的“软品牌”之内，默默无闻地进行支持，而不公开自己的观点立场。这曾是企业支持与自己价值观一致的事业的最佳办法，不会让人们觉得是在公开宣传推广。

如今，大家希望各大品牌能更加坚决地表明自己的态度立场，不要置身事外。现在，企业必须采取高效的经营管理模式、人性化的员工福利待遇、负责的企业采购方案，以及盈利的同时坚守初心承诺，才能赢得消费者的信任。就像消费者希望支持或购买某种品牌一样，员工也会挑选品牌企业，让自己能够实现个人价值和社会价值，成就非凡人生。

如何利用目的盈利趋势

1. 采取可信立场

由于利润和企业发展目标比以往任何时候都要诱人，品牌和商业精英可能会掉入陷阱之中，在某些问题上，不考虑其他人会不会相信自己，就迫不及待地摆明立场态度。例如，一家金融服务公司的董事会或高层没有女性成员，就提出倡议，希望给予女性领导更多的话语权。消费者和员工对拥有远大目标的企业青睐有加，而对那些表里不一、名不副实的企业却不屑一顾。

2. 关注影响力

如今，消费者拥有众多渠道可以快速了解企业生产运营状况（例如，可以扫二维码的应用程序和在线评价），他们要求企业不仅要承担社会责任、举办公益活动，还要取得阶段性成果。善于宣传且勇于承担社会责任的企业，将会提升员工和客户的忠诚度，也能够给投资者带来持续收益。

3. 践行自觉资本主义

对于个人而言，权力掌握在我们消费者手中。我们也许会认为自己所做的选择不会产生什么影响，比如不买生产质量存疑的品牌，而多花几美元购买一件道德产品。毕竟一个人能产生多大的影响呢？但是，自始至终做出对社会负责任的选择，反思我们购买行为所带来的积极与消极影响，就能形成涟漪效应。我们每次决定购买什么，在哪里买，都在证明什么对我们来说是最重要的，也对品牌企业发出明确的信息：制造产品的方式和经营管理的模式至关重要。

目的盈利趋势演进

回顾与此相关的以往趋势（2013—2019 年）：

英雄化设计

在引入新产品、新想法和新灵感的过程中，设计起着主导作用，它大胆、傲慢，有时甚至用英雄般的方式改变着世界。

品牌的乐善好施

企业坚持致力于慈善公益事业，把承担社会责任作为分内之事，并将其置于发展目标的核心地位。

登月梦想的企业家精神

赞美拥有远见卓识的企业家，有助于新一代的创业者摒弃利益至上的思维，承担更多的社会责任，甚至立志拯救全世界。

品牌立场

面对两极分化的媒体氛围，很多品牌觉得必须要表明观点立场，突出自己的核心价值理念，而且不对所有人左右逢源。

开明消费

拥有了关于产品和服务的信息，人们选择通过消费方式、工作地点以及投资方式来表达他们的价值观和世界观。

乐善佳运

人类所面临的最紧迫事情，就是鼓励企业、企业家和个人参与社会公益事业（并产生积极影响）。

第十一章　巨量数据

何为“巨量数据”（Data Abundance）大趋势？

数据无处不在，收集方式也五花八门，随之而来的问题更为紧迫，应该如何利用这些数据？数据应该归谁所有？谁应该被允许从中获利？

1954年，管理学大师彼得·德鲁克（Peter Drucker）曾写过一句名言：“只有能被测量的，才能被管理。”

几十年来，这句话描述了世界是如何看待数据的。数字是可靠的，根据数字做出决定的人应该受到尊重。世界五百强企业肯定能访问大量数据库。

崇尚数据所带来的影响并不令人吃惊，让我们每个人都竭尽全力地寻找更有效的方法，以收集更多的数据。各大公司不仅通过自己的平台收集“大数据”，而且还会利用消费者的数码产品传送“小数据流”。语音设备可以监听通话内容，拼车软件、智能恒温器、流媒体服务器、网络游戏、健身追踪设备和实时交通地图的数据都会被牟利者收集储存起来。

由于察觉不到危险，很多小数据就成为我们资源分享的信息。你有没有想过，网飞可以准确获知用户播放了哪部电影，谷歌知道你想买一台新款打印机，这些恐怕从没有人在乎过。从某种程度上，它们获取这些信息意味着可以给你提供更高效、更为个性化的服务体验。

但是，有时候我们也在不知不觉中提供了不愿分享的信息。例如，网络社交平台所上传的照片通常隐藏着元数据，像全球定位系统的数据和时间，这些信息可以与他人的照片进行对比，从而确定当时你和谁在一起，甚至你在做什么。滥用人脸跟踪技术非常令人担忧，以至于旧金山（San Francisco）和其他一些城市已经开始禁止使用。

除了这些由企业组织收集的数据和个人在网络上公开分享的信息之外，还有一种重要的数据来源正在逐渐向公众开放，那就是“公开数据”。它是指企业和政府以信息透明或符合法规的名义在网上公布大量信息数据。2018 年，我撰写了这一趋势，并将其命名为“数据污染”（Data Pollution）。接下来十年里，这个问题还会变得更加糟糕。

有专家估计，目前世界上现存数据的 90% 都是在过去两年间创建的，并且还将成倍增长。

如今，世界进入数据时代，消费者所生成的数据不断更新，企业需要的数据库也随之扩大，促使我们需要努力解决几个关键问题：所有这些数据有什么意义价值？数据应该归谁所有？也许最重要的是，谁应该被允许从中获利？

好数据和无用数据

目前数据泛滥的农业领域或许可以提供一些答案。

如今，农场可以通过土壤传感器、家畜身上的可穿戴追踪器和用于农作物检测的无人机，获取海量数据。这些信息让精准耕种变为现实，能够选取最肥沃的土地种植适宜的农作物，并在最佳的时间内收割粮食。

有些机构会将从各处收集来的数据结合起来，创造出对整个行业都具有价值的产品。例如，加利福尼亚州的农场主商业网络（Farmers Business Network）要求农场主分享农药化肥价格、耕地大小和农作物产量等信息。数千位农场主共同管理着全美和加拿大超过2200万英亩的土地，将所拥有的数据输入系统之中，任何成员都可以看到透明公平的收购价格、种子的真实产量特点和最佳的粮食交易地点。

类似的网络平台也在其他行业涌现。例如，在医疗领域，一款名为“医学图像”（Figure 1）的应用软件邀请了250万医疗专业人士分享患者的医学图像资料（已除去个人信息），帮助同行诊断疑难杂症。这款被称为“医用照片墙”的应用软件已经利用世界各地的精湛高超的医疗技术，帮助几百位医生治疗重症患者。

事实证明，公开的网络平台对愿意分享数据的人来说，非常有帮助。但是，只有能够及时更新、分类清晰且管理科学的数据，才能发挥其作用，并非越多越好。

政府和非政府组织的庞大数据集提供网络公开下载服务。从理论上讲，这是一件好事，但不幸的是，并非所有数据都可用。政府实验室指数（Govlab Index）跟踪了公开数据趋势，出版了世界各国公开数据采用情况的年度报告，并揭露了几个令人如梦初醒的关键点：

· 全世界范围内，各国政府已经公开了超过 100 万个数据集。

· 这些数据中，既可以用计算机处理又获得开放许可的，还不到 7%。

· 96%的国家不会定期更新数据集。

就数据而言，质量远比数量重要，在社交媒体平台挥金如土的投资者可能对此感触更深。

五类数据污染

数据泛滥	由于获取了过多的数据，数据机构会对应该关注什么或优先考虑什么感到困惑
数据操纵	数据结果和数据分析被曲解，导致论据有失公允
数据破坏	人们故意分享错误和损坏的信息数据，造成不可估量的危害
数据损毁	从多方面收集而来的数据混合在一起，被创建者回收或删除
过期数据	数据并未按照要求及时更新，由于过时而失去应有的价值

假账号损坏数据

脸书收集的用户数据数量令人惊愕，还从中获利颇丰。为了获取这些数据，广告商蜂拥而至。脸书所掌握的详细客户资料为广告商提供了巨大商机，可以根据客户的信仰、喜好和所搜索的内容来锁定目标人群。

其他网络社交平台也向各大品牌提供了类似的服务，但都面临着一个日益严重的问题：很多用户实际上都是“网络喷子”、假账号和聊天机器人。

2019 年上半年，脸书按照惯例从系统中清除了 33.9 亿个假账号，成为有史以来清除规模最大的一次。半年以内所创建的假账号比脸书拥有的 24 亿位真实用户还多。

究竟虚假的社交媒体账号有多少，也许很难说清楚，因为社交平台大都不愿意公布这些数字。但是有独立研究人员统计，大约 15%的社交媒体信息都是自动生成的，无人操控。假账号比例如此之高，让广告商深感失望。

宝洁公司（Procter & Gamble）的首席品牌官马克·普里查德（Marc Pritchard）带头解决这一难题。2017 年，由于担心曝光率低、合同欺诈和缺乏质量监测，宝洁公司削减了超过 2 亿美元的数字广告支出。此举在传媒业掀起了一股浪潮，大家纷纷清理长期无人使用的假账号及其数据。

不幸的是，假社交账号并非数据污染的唯一途径，用户自己也经常造成数据泄露或遗失。

我在照片墙上关注了 15 岁的儿子，最近注意到他的账号有些奇怪。2019 年夏天，我们在西海岸旅行数周，分享了很多照片，但现在他的账户里只剩下四张我们旅行的照片。我担心数据丢失，就问他是怎么回事。

“我删掉了。”他告诉我。

“为什么？”我为他的回答感到困惑。

“我不需要它们。”

我儿子大多数帖子的点赞数是我的十倍，但社交数据对于他来说似乎不那么重要。我把社交媒体当作自己生活的展览馆，而他则视为一件衣服：今天穿这件，明天换那件。事实证明，很多人都是他这种心态。

《华盛顿邮报》报道称，青少年在管理自己的照片墙账号时，会删除一些点赞数不多或者不再需要的旧照片。与此同时，用户的页面访问量和参与时间统计都会发生变化，从而减少了照片墙利用数据赚钱的机会。数据越不准确，广告销售的机会就越少。为了防止用户删除业务模式所依赖的数据，照片墙推出了一项新功能，允许用户隐藏自己的旧照片，不用删除。

随着数据激增，确保数据完好无损以供正常使用将变得日益紧迫。2014 年，我在年度报告中介绍了这一趋势，并命名为“过度量化的生活”（Overquantified Life）。如今，所有的网络互动都可以简化为数字，受到人们格外的重视，并以此指引自己的举止行为。任何经验只有与朋友或者陌生网友产生互动并获得良好的社会反响时，才值得分享。

要是森林里一棵树倒下，又没人站在前面拍照，我们又怎会知道这件事呢？

为了让人们摆脱这种可悲的游戏化生活体验，照片墙率先将点赞功能完全隐藏起来。此举受到大家的欢迎，许多社交平台也纷纷效仿。

不管我们能否看到这些数字，其真正含义依然困扰着人们。

了解数据的意义

过去几年，健身追踪设备广受欢迎，美国消费者的使用率从2014年的9%增长到2018年的33%。从心率、睡眠模式到锻炼时间，健身追踪设备可以收集到各种健康信息，医护人员也可以据此判断用户的健康状况。

但是，康奈尔医学院（Weill Cornell Medicine）的弗雷德·佩尔兹曼（Fred N. Pelzman）博士指出，医护人员通常难以理解所有数据的含义。“每天早晨，当我登录电子医疗档案时，就会看到来自患者健身检测设备的数据。”他在颇受欢迎的医学博客“凯文医学”（KevinMD）上写道，“看到这么多的数据，就会产生很多可能性，什么都有可能发生。”

换言之，获取健身追踪设备的海量数据，并不一定意味着医护人员就能找到有意义的信息。即使是患者也很难从中找到超越“感觉不错”之外的真实价值。例如，当用户完成任何一个目标时（比如走完10000步），健身追踪设备就会显示表示庆祝的烟花图案。收集了大量数据，但对长期的健康状况并没有什么帮助。

对于小数据分析来说，这是一种常见的难题，那么对于难以分析且内容复杂的大型数据集，又该如何处理呢？在这种情况下，多依靠机器学习和人工智能来筛查数据并立即作出最佳判断。

中国保险业巨头平安保险（Ping An）就是使用这种方法的完美例证。该公司耗时三年，完善了基于人工智能技术的“510

城市极速现场查勘”(Superfast Onsite Investigation)，拥有在中国销售的6万种汽车所使用的2500万个零部件的数据库，并将损坏车辆的照片与之相对比，然后算出中国14万家汽车修理厂的维修费用和人工成本。该系统还拥有人脸识别功能，可以读取消费者的表情，以判断潜在的骗保行为。据报道，在运行的第一年中，该系统帮助公司处理了700多万起索赔，节约成本超过7.5亿美元。

随着收集到的数据量不断飙升，能够及时有效梳理分类的企业将获得巨大的利益。但是，只有在信息仍然可供使用的情况下才能发挥作用。当然，有时也会出现反常情况。

数据所有权和盈利数据

社交媒体平台和联网电子设备爆发性增长，让我们可以随时记录下自己的一举一动和思考过程，由此所形成的数据并非企业主动收集形成的，更不是企业原有的数据库。随着消费者的“小数据”与品牌所拥有的“大数据”之间的竞争日趋激烈，未来几年之中，企业面临的最大挑战就是我们能否像现在一样免费地分享自己的数据。

今天，互联网上到处都是诱惑我们用个人信息来换取某种奖励的网站。

想买一张门票或者下载一份免费的报告吗？填写您的邮箱即可。需要注册一款产品吗？请填写简短的调查问卷激活您的保修卡。这种填表式数据采集的同时，我们浏览网站、添加购物车或者通过社交媒体分享发布观点所耗费的时间也越来越长，故而个人信息也成为大数据集的一部分，以便于企业收集、营销和制定个性化服务。

尽管我们愿意分享个人数据，但也很关心这些资料的使用过程。2014 年，我就撰写了有关于此的文章，并将其命名为“隐私妄想症”（Privacy Paranoia）趋势。

我们这样做是因为受到经济学所谓“即刻受益”的影响：我们分享信息资源，立刻就可以获得好处，而潜在的风险则是以后的事情。

随着继续使用智能设备收集海量的数据信息，我们将从数据的创造者转变为数据的消费者和拥有者。我们可以从数据采集平台解锁个人信息（无线茶壶和情绪追踪手环这样的产品无伤大雅），并与那些提供正确激励措施的人分享这些数据。

在这个世界，消费者将以全新的方式直接从海量的数据中受益。随着私人数据为个人带来丰厚的回报，人们愿意分享的内容和允许数据采集的范围将再次发生变化。但不幸的是，有时别无选择。

社会信用及评级

2018 年底，优步（Uber）介绍了当坏蛋的社会成本。

十多年来，评分系统一直是单向沟通概念。对零售商、餐厅、医生和教师进行点评的第三方平台都有共同的基本假设：消费者是评分的提供者。消费者非常信任这些评分，以至于在许多情况下，仅仅因为网上评分太低，餐厅就有可能倒闭，货架上的商品无人问津。

如果评分系统反向应用呢？优步等打车平台都开始使用反向评分系统，乘客不仅给司机评分，司机也会给乘客回评。如果优步评分低于4.0，再次打车就可能会被拒载。

关于未来评级数据如何使用的典型案例则要看中国。过去几年，中国一直在推动建设社会信用体系（Social Credit System，SCS），根据公民行为给他们的“社会信用”打分排名。根据此体系，自愿服兵役或按时缴费都会获得奖励，驾车违章、在网上发布不实言论则会受到惩处。

惩罚的范围很广，包括限制乘坐飞机、火车，就业范围受限，而良好的社会信用评分则意味着可以获得优惠的贷款利率和快捷的签证服务。许多观察员认为，整个体系就好像是科幻小说中的反乌托邦场景，人们可能因信用评分较低而被社会排斥。其他人则认为，这些批评是基于“遥远未来的最糟糕情况”，可能过分忧虑了。

在未来，这些情况也正是“巨量数据”大趋势将带来的问题。我们收集的信息越多，所面对的挑战也会日益复杂。例如，应该如何解读这些信息，以及解读对我们生活有何意义。

总结巨量数据趋势

由于社交媒体和智能设备不断发展，企业和消费者掌握了大量难以理解的数据信息。很多情况下，数据集易损坏，也会因过于庞大而无法获得有用的信息。为了解决这个问题，越来越多的机构利用机器学习算法筛选数据，自动生成决策建议。

也许“巨量数据”趋势最重要的内容就是所有权和期望值。消费者通过智能设备、互联网和个人电子设备成为海量数据的生产者，要求对自己所生成的数据拥有更多的控制权和所有权。大家以更加睿智的方式使用和分享个人数据信息，并对奖励机制提出更高的要求。

如何利用巨量数据趋势

1. 不愧对客户数据

用户有时也会采取极端手段收回自己对数据的所有权，比如要求修改规则条款和彻底删除自己的账号。如果还想用消费者的数据信息赚钱，就必须做出调整和改变，遵守数据使用的伦理道德，并向消费者反馈其内涵价值。

2. 从数据中提出更有价值的问题

在很多时候，盲目相信数据和拥有海量数据并不能解决任何问题。与其让消费者不停地填写电子表格采集信息，不如耐心制定数据策略，弄清楚消费者回答哪些问题才有价值，然后再研究应该如何利用现有的数据（或者即将收集到的数据）。

3. 清除数据

在数据收集工作中，应该坚持质量第一原则。当明白什么样的数据对企业好或不好时，请采取措施，从现有的数据库中清除受污染的部分，并更新系统，防止其再次进入。

巨量数据趋势演进

回顾与此相关的过往趋势（2012—2018 年）：

量化生活

生活轨迹追踪工具泄露个人私密信息数据，并且监控人们生活的方方面面。

过度量化的生活

可穿戴设备为数据采集提供了新方法，但只能进行肤浅的数据信息分析，并不能提供切实可行的建议。

隐私妄想症

数据泄露事件再一次让全球风声鹤唳，政府和高科技公司究竟对我们了解多少，将如何利用我们的信息数据，是否合规合法?

小数据

随着消费者开始主动收集自己的信息，品牌的“大数据”已经远不如消费者所拥有的“小数据”更具价值。

数据泛滥

个人数据、企业数据和公开数据不断泛滥增长，导致算法已经无法处理，人们转而依靠实力更强的人工智能、智能策展和初创公司，确保数据可以发挥出其应有的作用。

数据污染

随着我们创造出众多的方法来量化周围的世界，信息数据也开始逐渐被操纵、污染和破坏，使得我们更难从喧嚣的环境中辨别出真正有用的建议与意见。

第十二章　防护技术

何为“防护技术”(Protective Tech) 大趋势?

预测技术让生活便利、舒适、安全，但我们必须在保护隐私方面做出取舍，以便技术能发挥出真正的作用。

不论有意识还是无意识，过去十年间，我们在工作和日常生活中，已经习惯了用科技手段保护自己：去机场的路上，手机可能会收到航班晚点的消息。在商场购物时，若发生异常大额交易，银行可能会打电话或发短信，确认是否为本人实际操作。坐在办公桌前超过两个小时，佩戴的健身追踪器也会震动，提醒我们要站起来活动一下。当查看邮箱时，电子邮箱已经通过过滤器将垃圾邮件删除。

智能技术和预测技术不仅能让我们的生活更加健康、便捷、安全和高效，还有助于保护环境和提高社会效率。但是，我们越习惯使用这些设备，也就越依赖它们，就好像打开潘多拉魔盒一样，形形色色的问题层出不穷——是否应该让科技替我们做某些决定？是否会让我们更加容易受到黑客、骗子、幕后黑手和其他攻击者的伤害呢？这就是“防护技术”大趋势的核心所在，将会引发一场关于如何利用好预测技术这把“双刃剑”的长期争论。

究竟为何危如累卵呢？也许最应该先看一看医疗卫生领域。在此领域，正确平衡便利和隐私之间的关系可谓生死攸关。

机器人疗法及医疗植入装置

你会考虑让机器人担任治疗师吗？艾莉森·达茜（Alison Darcy）医生认为应该。她提出，人们在与机器人交流时，会更加坦诚。毕竟，机器人不会有偏见。达茜是斯坦福大学医学院的临床心理学家，开发了一款聊天机器人"理疗师"，人们亲切地称其为"沃博特"（Woebot）。

这是一款可以与患者互动的聊天机器人，就像认知行为治疗师一样，问一些开放性的问题，鼓励患者反思自己的情绪。这款聊天工具每天 24 小时随叫随到，用常见的问题来鼓励人们更加乐于分享自己的情绪，如："你现在感觉怎么样？"

人工智能技术的研发有助于管理心理健康状况，沃博特就是诸多实例之一，并且其中一些预测技术具有挽救生命的潜力。脸书正在研发一种智能工具，可以检测每个人自我伤害或伤害他人的潜意识，从而可以提早给朋友和家人发出预警信号，以便能够及时干预治疗。

2013 年，意大利布雷西亚大学（University of Brescia）的研究人员发现，损失惨重的网络赌徒的赌博方式总是呈现出可预测的锯齿状模式。哈佛大学医学院的精神病学家霍华德·谢弗（Howard Shaffer）率领团队与赌博网站合作，利用网站数据开发出算法，以便在人们成为问题赌徒之前，尽早发现并予以干预疏导。

虽然使用预测技术保持心理健康还很少见，但是人工智能技术却一直是我们的好帮手，可以记录下一段时间内的身体变化状况。穿戴式的健康追踪器可用于监测生命体征，包括心率、睡眠模式甚至是睡眠姿势，故而广受追捧。新一轮的设备技术革新将自我监测提升到更高水平，可以植入我们身体之内。这些微观设备通常被称为“医疗植入装置”，可以吞入、注射或者植入体内，通过电子信号发送生物特征信息，帮助诊断病症和追踪身体健康状况。

医疗保健预测

随着科学技术的不断发展，这类传感器将变得更加廉价和简单便捷，进而让整个社会触目皆是。它们不仅能够自动分析问题，还能通过监测客户的健康状况，判断是否按时服药以协助医生治疗，甚至还能在身体没有任何症状之前，提前发现疾病。

例如，新兴的健康科技公司面纹（FacePrint）开发了一款可以通过人脸识别技术诊断帕金森综合征的网络软件，其灵感来自一名高中生对保罗·艾克曼（Paul Ekman）所提出的“微表情”痴迷研究。未来在医疗领域，从自拍中的面部表情到健身监测器的数据流，都能用于调节健康状况、诊断疾病甚至预测自杀，可以防患于未然。

在监测装置和预测技术管理身体和心理健康的同时，信息采集的使用方式也开始让大家感到不满。

例如，自动零售机制造商瑞亚（Rhea Vendors）发布了一款贩卖机，利用人脸识别技术，拒绝把某些垃圾食品售卖给年龄、病史或购物记录不符合要求的人群。针对这种“食物羞辱”与贩卖机拒售行为，许多批评者认为，个人健康数据存在被滥用的风险。

一方面，我们想利用人工智能技术管理自身生活，如刚才案例中的身体健康；另一方面，也担心智能技术可能会窃取隐私数据。随着人工智能技术的应用范围越来越广泛，二者之间的矛盾也日益突出。这也自然而然地产生了一个问题：应该把健康和生命的决策权交给智能技术吗？

家庭所常用的人工智能技术表明，至少在某些环境中，我们已经将决策权交给它们了。

自动管家

假如住酒店时，忘记带自己的牙刷。于是向酒店前台打电话索要，几分钟后，机器人管家就将牙刷送到房间里。这种服务可以在旧金山湾区的十多家酒店中体验到，他们与机器人初创企业萨维奥克（Savioke）合作运营。在快速崛起的实用主义服务型机器人领域，萨维奥克是行业领导者，其研发的小型机器人敏捷高效，能处理各种家务。

如今，你可以买到自动割草机和智能烤箱，烤箱配有摄像头，能“阅读”食物并确定烹饪时间长短，也可以买到灰尘感应吸尘器、智能马桶和能自动识别主人出门、进门的人体感应智能门锁。

还有很多帮助我们管理家庭事务的科技工具，比如商店购物应用程序会记录下以往订单，自动文本会核实我们的处方药以及个人理财软件可以支付消费账单。显然，“成年人”的生活正在变得越来越智能化，责任感让他们每天都能处理好一切日常琐事，2016 年我们首次撰写这种趋势，并将其命名为“自动持家”(Auromared Adulthod)。现在在家里，不需要除尘、清洁、锁门、关灯甚至是冲马桶，科技把一切都安排得井井有条。

同样的情况也许很快就会发生在我们工作当中。2015 年，德勤咨询公司（Deloitte）的阿姆斯特丹总部大楼（又叫锋芒大厦，The Edge）被誉为“世界上最智能的建筑”。该建筑与你的手机同步，知道你何时进停车场，根据你喜欢的工作环境推荐当天的办公地点，大楼还设计有开放的中庭，空气流畅，时而稍冷时而稍热，即便室外下雨，大厦内部还是犹如户外般舒适惬意。

在未来十年里，“防护技术”大趋势将发挥更大的作用，年青一代的消费者可以利用科技改善生活质量。但是，越来越依赖科技手段处理日常烦琐事务，是否会失去处理微妙的人际关系的能力，并转而求助于科技呢?

例如，“兄帮帮”（BroApp）应用程序就遭人鄙视嘲笑，其旨在帮助男性“外包”恋爱，向女友自动发送表白短信或者其他浪漫的甜言蜜语。还有一些关于人际关系的应用程序也涌现出来，所开展的业务并不极端，只是帮助用户记住伴侣的生日或者自动发送问候信息。“若此则彼”(If This Then That，IFTTT)

应用程序帮助用户在多个应用程序中创建“流程”，并为社交媒体上瘾者给予帮助：“当女朋友在社交平台发布新照片时，你会收到提醒，及时点赞，免得她发火。”

毫无疑问，预测技术的崛起让我们的日常生活变得更加轻松和安全，即使过于依赖，也可以成就更完美的自己。但是，人工智能技术对环境的影响更为显著。

反偷猎无人机和空中监视

2019 年，我有幸加入了一个由南非科学家和护林员组成的科考团队，前往丛林深处执行拯救犀牛的使命。那天早晨，我们的任务是追赶一头黑犀牛并留下标记——从它耳朵上取下一小部分皮肤。几十年以来，切口法已经成为追踪这些濒危动物、保护其免遭偷猎的主要方法。现在，地面保护团队也得到了来自空中的协助。在整个非洲，保护组织开始使用无人机巡察野外，在偷猎者扣动扳机之前就予以逮捕。还有很多这样的组织机构利用智能设备监管土地、保护动物与环境。

在长江流域的高空中，中国政府正在部署一项独一无二的科技工程来改变环境，被称为“天河工程”（Tianhe Project），包括安装机器设备生产碘化银粒子，催化人工增雨。据初步估计，这种人工降雨最终可以产生相当于中国全年用水总量的 7%，对于 14 亿中国人来说是莫大的福祉。人工降雨的使用目的一直很崇高。例如，2008 年夏季奥运会期间，中国利用人工降雨技术将飘向北京的阴云，提前降雨，以确保奥运会比赛的顺利进行。从私人层面而言，一家欧洲公司针对焦虑的新娘提供了高端服务，在婚礼当天，同样利用人工降雨技术驱散阴云，防止下雨破坏婚礼仪式。只不过，这项服务的起步价高达 10 万英镑。

这些情况层层叠加，给我们提出了一些复杂的问题。

毫无疑问，驱散阴云让奥运会的赛事顺利举办，让世界也从中受益，但对于私人公司甚至是政府来说，为个人或者小事而改变天气，是否合乎伦理道德？虽然无人机可以保护濒危野生动物，但如果被狗仔队用来非法偷拍，或者被恐怖分子用来干扰空中交通，该怎么办？

这些技术带给世界诸多便利与好处，同时也会让社会在隐私和公民自由方面付出相应的代价。

诸如此类的问题给“防护技术”大趋势蒙上了一层厚厚的阴影。监管组织和忧心忡忡的公民公开质疑这些防护技术的真实成本，并且担心会受到投机主义者的侵害。显然，已经有一些坏蛋出现了。

爱沙尼亚能教会我们什么

爱沙尼亚是一个位于波罗的海沿岸的国家，人口只有 130 万，尽管国土面积不大，但尖端科技却不容小觑。爱沙尼亚是世界上第一个宣布上网是基本人权的国家，也因此成为人们经常讨论的经典案例——它是如何抛弃旧体制，并运行从银行、税收到选举投票等多种网络服务的。

爱沙尼亚人是创建数字公民身份的开拓者，政府会分配给每个公民一组独一无二的数字号码，其类似于美国的社会安全号码。大多数工作都可以在网上完成，并通过数字公民身份进行追踪，让烦琐的流程实现自动化，包括通常需要耗费数个小时的表格文本填写工作，比如纳税申报、开通银行账户和申请营业执照。

黑客如何拯救世界

越来越多的国家对政府机构进行数字化改造，并依靠人工智能技术运营管理，也因此成为网络攻击的主要目标。

2007 年，爱沙尼亚几次遭受大规模的网络攻击，系统恢复以后，立即构建了预防网络袭击的安全系统设施。该国为保证 2019 年议会大选顺利进行所出台的举措，已经成为保护民主选举过程免遭网络攻击的典范了。

确保选举过程中的科技辅助程序免遭网络攻击，选举结果公正公平，已成为多数政府的首要任务。与此同时，一个让人意想不到的自发组织也在暗中帮助这些国家与政府。几年前，在德国汉堡，一个名叫混沌计算机俱乐部（Chaos Computer Club）的黑客组织在德国大选前，故意揭露出选举程序的安全漏洞。社会普遍认为，他们此次举动保护了选举过程的公正性，让俄罗斯黑客的阴谋未能得逞。如今，各国政府都在全力招募这些所谓的“白帽黑客”，要求他们施展自己的技术才能，入侵政府部门的系统，如果攻击成功，还会支付奖金。通过入侵选举系统，暴露出技术漏洞，以便抢在犯罪分子攻击前予以修复。

这种保护选举系统的方法也得到了高科技公司的认可。微软最近宣布推出免费开放源代码的选举软件——选举卫士（ElectionGuard），承诺帮助政府及时发现并制止黑客入侵。虽然很多国家都愿意效仿爱沙尼亚，对政府系统进行数字化改造和保护，但未来前景却令人望而却步。毕竟，爱沙尼亚是个小国家。但对于超级大国来说，放弃庞大的数字化管理系统也是不现实的。在这种情况下，正是需要私人公司参与的时候，让消费者在面对复杂烦琐的法律与金融体系时，更从容、更安全。

一键诉讼和理财机器人

2015 年，18 岁的美籍英国学生约书亚·布劳德（Joshua Browder）编写了一个软件程序，可以自动上诉处理几十起违章停车罚单。在接下来的四年里，他的“不付钱”（DoNotPay）应用程序已经帮助人们节省了约 2500 万美元，并获得一笔近 500 万美元的风险投资，以用于开发平台建设。

从那以后，这款应用程序扩展功能，推出了“世界上第一个机器人律师”，帮助人们“按下按钮就可以与企业争辩，投诉政府机构，起诉任何人”。从帮助面临拆迁的人们申请住房，到简化消费者起诉知名企业泄露数据信息的流程，其在各种情况下都可以派上用场。这款程序的最新功能是免费赠予用户一个虚拟信用卡号码，提供试用服务，无须实名注册。试用结束后，此卡不会再收取任何费用，用户无须取消服务。

此款应用程序和其他主动保护消费者权益的智能设备共同传递出明确信息：自动化技术可以成为应对掠夺性服务的守护者，帮助消费者捍卫自己的权益。

预测技术将继续为专业人士扩大服务领域，避免消费者被迫支付高额费用和采用带有偏见色彩的建议。但是，自动化技术同样也会让专业人才之间的关系日益紧张，有的紧跟技术变革的步伐，让自己成为不可或缺的人才；有的则抵制技术发展，直至被社会所淘汰。

总结防护技术趋势

在未来，灯可以在我们到来之前自动亮起。健康追踪设备将默默地监测我们的生命体征，出现问题时，立即提醒我们。智能投资平台可以帮助我们理财，并在关键时刻作出调整与改变。无人机可以保护原始森林，保卫蓝天。数字化的政府系统让我们可以在几分钟之内精准报税。

预测性智能技术已经让我们的生活更便捷、更安全，但为了提供实时服务，这些技术必须全天候“监听”我们周围的环境，以便收集数据信息。随着防护技术不断发展，将引发更为广泛的争论：我们日常生活有哪些方面应该被追踪监测？在个人利益与社会利益相冲突时，个人隐私与自由是否重要？

如何利用防护技术趋势

1. 成为技术的榜样

就像孩子从父母那里获得知识一样，机器人也从人类手中获得了学习能力。例如，人工智能聊天机器人在推特上学习“如何与人幽默地聊天”，结果几周内就沦为“种族主义浑蛋”了。随着学习技术愈加智能化，其发展过程在很大程度上得益于喜欢观察分析人类创造力的大众媒体，这也将带来不同寻常的挑战。就像我们必须给孩子树立榜样，在科技运用方面也需要人们发挥积极作用。

2. 了解和理解科技保护

科技保护的方式大多不易察觉，以至于大家未曾给予其足够的重视与理解。在未来，我们需要了解科技是如何保护人类的，从而避免过度依赖。

3. 要求科技提高透明度

当防护技术的潜在应用领域越来越多时，谁应该代表我们要求提高技术的透明度呢？其对社会的利弊，也将取决于拥有者的使命感与道德责任心。

如何利用防护技术趋势演进

回顾与此相关的以往趋势（2015—2019 年）：

预测保护

各大品牌不断推出智能新产品，监测个人安全与健康状况，在疾病初期，能及时提醒消费者。

自动持家

由于成年人日常生活非常忙碌，创新性服务技术帮助我们将工作智能化。

机器人复兴

在机器人领域，我们不断取得进步，比如人性化的用户界面，这也让人们更加重视这种科技运用的方式与范围。

技术隐形

科技可以预知我们需要什么，同时也在不经意间融入我们的生活之中。

第十三章　变通商业

何为“变通商业”（Flux Commerce）大趋势？

行业间的界限日渐模糊，壁垒开始逐渐坍塌，销售购买方式也在不断变化，以至于商业模式、分销渠道、消费期望值甚至自主创新都在持续瓦解。

2012 年，西班牙政府通过了一项令人震惊的新税法。为了实施经济改革和财政紧缩政策，新税法将影剧院的税收从 8%提高到 21%。在接下来一年里，全国影剧院的上座率暴跌了 30%。

为了不破产倒闭，绝望的剧场老板尝试了各种千奇百怪的解决方案。例如，有家影院以 16 欧元的高价出售含税胡萝卜，并附赠“免费”电影票。或许最具创意的解决方案应属巴塞罗那喜剧俱乐部（Teatreneu），可免费进场观看演出，但在散场的时候，观众会根据对演出的感兴趣程度支付费用。每个座位都配备了平板电脑，将使用人脸识别技术记录下观众的微笑。每笑一次 30 欧分，票价最高 24 欧元。这种按笑付费模式轰动一时，俱乐部上座率激增 35%，并引发其他喜剧俱乐部的效仿。

与此同时，卡斯珀公司也改变了消费者购买床垫的习惯，其在网上销售泡沫床垫，并将其滚压装在橱柜般大小的盒子中，再运送到客户手上。十年前，很难想象人们会购买床垫前先不试用。如今，从买鞋到定制眼镜，消费者已经习惯了不试穿或者不试戴就在线上平台购买各种商品。在世界的另一端，曾是日本书店店员的盛冈三行（Yoshiyuki Morioka）在奢侈品店林立的东京银座（Ginzain）发起了一项大胆的尝试。他的森冈书店（Morioka Shoten）每周只卖一种书，把整周的时间都用于这本书的作者宣传、社区讨论与读者互动，这种激进的商业模式引起了全世界的关注。

从表面上看，按笑收费、线上售卖床垫和每周推出一本书的书店，这些之间看似毫无关系。但是，在过去的十年之中，消费者买什么、由谁卖已经不再重要了，转而更加关注购买产品的服务体验，这也是我们这些年一直在关注的趋势之一。“变通商业”趋势描述了成功的公司不再因循守旧，不断地改进其商业模式和销售方式，并紧跟时代步伐，将创新思维摆在突出的位置。

这个话题我们已经关注了多年。早在 2015 年，我们曾撰写“颠覆渠道”趋势，描述消费者的产品服务体验正在发生翻天覆地的变化。

或许企业逐渐走出舒适区，不断创新发展模式，打破传统行业界限，就是“变通商业”趋势深受欢迎的最佳证明。

行业界限淡化

曾几何时，红牛只是一种功能饮料。20 世纪 90 年代以来，这个奥地利品牌不断拓展，造就了现在日益强大的传媒帝国，涉足实况转播、印刷出版，甚至还拥有一家全天候运营的流媒体电视频道。这不是红牛第一次跨行业发展，它还收购过 15 家职业体育俱乐部，涉及包括足球、一级方程式赛车、帆船、冲浪、冰球、板球等 11 种运动项目。红牛为什么冒风险进军其他行业呢？

“作为主要的内容供应商，从电视、出版到音乐唱片公司，我们的目标是要将‘红牛世界’的文化理念宣传到传媒领域的每一个角落。”红牛联合创始人迪特里希·马特希茨（Dietrich Mateschitz）解释说，“编辑性媒体的价值加上职业体育俱乐部的媒体资产，远超纯广告收益。”

类似红牛这样的案例比比皆是，企业希望突破传统行业的界限，在激烈的社会竞争中崭露头角，从众多财源中受益并吸引消费者的关注。

例如，美国第一资本投资国际集团（Capital One）就将旗下的分行改造成舒适的咖啡店和公共办公空间。西榆树（West Elm）、无印良品（Muji）、塔可钟（Taco Bell）和阿玛尼（Armani）等零售品牌都推出了自己的酒店，并认为消费者如果能在产品中沉浸式体验一晚，将有利于品牌销售。

在咨询领域，IBM、埃森哲（Accenture）、普华永道和德勤等老牌公司也想凭借着新互动媒体和创意服务团队进军营销行业。《纽约时报》、《华尔街日报》（*Wall Street Journal*）、《福布斯》（*Forbes*）和《纽约杂志》（*New York Magazine*）等传媒品牌近期也推出了个性化工作平台，兼职记者可以在这里创作出高质量的新闻作品。

甚至连亚马逊也跨行业发展，将企业的发展焦点从线上零售转向线下销售，收购了全食食品公司（Whole Foods），并开设了数家食品杂货店。

过去，垂直行业之间的界限非常清晰。现在不仅界限在变，而且大家也开始质疑最基本的商业法则之一：所有权。

从所有权到使用权

一直以来，买车都是人生大事，是自由、责任和成年的象征。但由于城市进入老龄化社会，再加上拼车服务便捷高效，许多分析家预测，未来想拥有私家车的人数将普遍下降。

我们似乎越来越不愿意为购买的商品承担太多责任，不想买车，也不想维修、停车、洗车。我们只想出门，如果花钱就可以乘车，何必还要为拥有一辆汽车支付高昂的前期成本呢？同样，如果我们可以随时通过爱彼迎（Airbnb）住在民宿中，何必要买昂贵舒适的度假屋呢？

这种转变也让经济学家放弃“所有权”一词，转而用“使用权”来描述人们对产品与服务的控制欲望。换言之，我们想使用产品，但并不一定要拥有它。消费者感兴趣的是产品的方便灵活性，而不是长时间的保修期和承担固定成本。就像乘坐优步或在爱彼迎租住民宿，消费者只愿根据实际情况或者行业惯例支付使用费用。

为了应对从所有权到使用权的转变，各行各业都将业务从传统的预付收入模式（出售产品或服务以换取一次性费用）改为订阅模式。早在 2014 年，我们就将此趋势命名为“订阅销售”（Subscription Commerce），并撰写了多篇与此相关的报道。直至今日，此趋势依然势头不减。

如今，像微软办公软件（Microsoft Office）和奥比多创意云（Adobe’s Creative Cloud）这样的软件按订阅模式提供服务。连锁影院开始提供按月无限观影订阅业务。汽车制造商宝马（BMW）和沃尔沃（Volvo）也在尝试按月订阅模式，让客户每隔几个月就可以更换不同款式的汽车，甚至可以更频繁。在法律行业，长期提供咨询服务的法律遽升科技公司（Legal Zoom）近年来也收购了一些小公司，比如“我们离婚”（Wevorce）在线平台，即帮助人们起诉和处理离婚事务的服务机构，只需按月付费，消费者就可以随时咨询律师、调解员，获取各种法律资源。企业也顺应使用权崛起的趋势，接受共享市场甚至共享劳动力，我们也在 2014 年撰写了这种趋势，并将其命名为“协同经济”（Collaborative Economy）。在酒店业，名为“精简”（Pared）的应用服务程序将餐厅与厨房临时工匹配起来。优步宣布启动名为“优步工作”（Uber Works）的人力资源配置业务，按需招聘临时工。智能货代公司 CargoX 为巴西有货运需求的企业寻找卡车司机实现货运闲置空间的利用率最大化。类似的还有“灵活”（Flexe）技术平台，允许任何人在任何时间预订空闲仓库。新兴地产公司千居（Spacious）推出一款应用程序，帮助纽约高档餐厅给白天寻找办公地点的人们提供舒适空间。

虽然使用权的崛起推动以往固定不变的商业模式开始向订阅协同模式转变，但这并不意味着已经完全放弃了“所有权”。

毕竟，我们还是一个物质至上的社会。但是，我们何时购买、如何购买自己想拥有的产品，正在彻底改变着零售行业。

零售变通

也许没有哪个行业比零售业更能体现我们交易方式不断变化的趋势了。随着消费者的期望值不断攀升，购买方式也发生了剧变，促使零售专家年复一年地宣称：今年将是零售灾难之年。当然，这样的末日预言至今尚未成真，但在过去十年里，零售环境已经变得更有沉浸感、更个性化、更有活力。

例如，在许多时装零售店里，各品牌都安装了类似智能镜子这样的科技产品，让数位顾客可以同时比较服饰穿搭，拍照分享，甚至可以叫服务员帮忙提供最新尺码和款式。各大品牌也正在研发“无线定位标签”——根据定位信息，通过无线信号将消费者可能需要的优惠券传递至移动设备上。与此类似的还有劳氏（Lowe’s）和宜家（IKEA），使用虚拟技术或者增强现实技术，让消费者可以看到房屋装修后的立体效果图。

各大零售商也正在使用机器人购物车，引导顾客对照购物清单，优化购物路线，确保其买到所有想要的商品。有的商店甚至引入了无收银员结账技术，顾客只需扫描二维码就能识别出自己的身份与所购买的商品，然后就会自动收取费用。

零售商也在调整商品定价的方式，以及产品价格更新的频率与速度。动态定价是指根据市场对产品的需求以及顾客的购买力来对产品进行定价，实时动态改变了从日常百货到拼车等一切产品服务的价格。在这个价格转瞬更新的世界里，有人担心，未来零售商会与“价格机器人”勾结在一起，坑害顾客，诱使消费者支付算法最大化的高价。

消费者购物方式的剧变不仅影响了零售商销售产品与服务的策略方法，还促使企业不断改进创新方式。

变革创新

现今，我们每天都会看到关于各种最新健康风潮所带来的神奇功效的新闻报道。活性炭可以捕获肠道里的毒素和化学物质，防止身体吸收！海藻复合胶囊可以提高智力，预防心脏病！合金欢纤维可以减缓疼痛，降血脂！

这些说法有些可能是真的，有些必定是假的。不幸的是，尤其是来自声称能一夜暴富的营销网络和“资讯”网站，其所给出的建议大多相互矛盾，让我们陷入困惑之中。对此，我们应该比以往任何时候都更迅速地远离时尚潮流，这也是我们 2017 年提出的“时尚疲劳”(Fad Fatigue) 趋势。

人们对时尚潮流的追求之狂热，犹如病毒传播。但是，时尚疲劳已经对购买（或不购买）商品的方式产生了深刻影响，我们也不断地被热门事件所吸引，让企业感到压力重重，迫使他们不得不开拓创新，努力推出“明日之星”。只有彻底地改革，才能紧跟时代潮流，永葆企业活力。当然，这也让处于垂死挣扎边缘的企业，妄想模仿勇于创新的竞争对手而起死回生。2019 年，我们将这种趋势命名为“创新嫉妒”。

为了应对挑战，有些公司会举办科技创新竞赛（比如黑客马拉松活动），推出初创公司与内部团队的合作平台，或者在公司内部设立“创新实验室”。例如，福特汽车公司（Ford Motor Company）就在硅谷成立了汽车技术研究所（Research and Innovation Center），专注于尖端科技与驾驶体验的交叉研究。在过去几年里，开放式创新计划（Open Innovation）、卡夫亨氏孵化平台（Springboard）、阿迪达斯布鲁克林创意农场（Adidas Brooklyn Creator Farm）等研究中心纷纷成立。这样的案例触目皆是，故而我们在 2016 年撰写此趋势并命名为“内包孵化”（Insourced Incubation），即企业如何将创新思维融入内部管理运营之中。

诺德斯特龙（Nordstrom）是一家高端零售商品牌，早在 2013 年就建立了创新实验室。两年后，该公司宣布缩减实验室规模，将员工重新分配到其他部门。当面对科技媒体 Geekwire 采访时，诺德斯特龙发言人说：“如今创新已不是一个团队的事情，而成了每个人的本职工作。”任何的技术引入都会从最初的“内包”，逐渐融入企业之中，最终演变成日常工作方式。

现如今，变革创新已是商界新常态。各大企业也意识到，想要紧跟时代潮流，必须不断创新商业模式、营销方式、客户互动策略等领域，其中最为紧迫的是思考创新的途径与方法。

总结变通商业趋势

购买销售商品的方式、支付价格的高低以及选择商品的所有权还是使用权，都在不断地变化，而且越变越快。

各行业之间曾经清晰的界限几乎完全消失，伴随商业模式的变革，产品不再以商品形式来销售，而是向消费者提供服务体验或订阅模式，并且商品配送模式的改革也消除了中间商这一环节。在新兴经济中，最终的赢家将能冷静地处理瞬息万变的商业信息，并适应日趋模糊的商业本质。换言之，善于变通且与时俱进的企业家将成为行业领袖。

如何利用变通商业趋势

1. 发现模糊地带

思考如何调整商业策略的时候，想一想：如果把两种毫不相关的商业模式结合在一起，会怎么样呢？可以像卖甜甜圈一样销售汽车吗？或者，如果爱彼迎决定开药店呢？这类离奇古怪的问题鼓励我们思考，跳出自己的舒适区，在行业之间的模糊地带寻找创意。有些想法也许看似遥不可及、难以实现，但退一步来讲，从疯狂到可能的过程中，你将会获得可行性的想法。

2. 有策略，不被动

通常公司会误把发明当创新，但二者并不相同。这种常见的错误可能会导致创意构思平庸、产品服务理念平淡无奇以及无差别化的客户互动。突破产品局限性，将创新商业模式与商业战略目标相融合，为客户带来更为全面极致的消费服务体验。

3. 寻找并支持创新者

几乎每个成功企业都会把引入高级管理人才作为开拓创新的首要任务。有时，会导致初创公司相互竞争，或者类似“变换推介”的新策略，即知名品牌向初创公司介绍它们所面临的问题与困难，双方共同合作，寻求解决方案。但除了寻求外部创新外，还应该关注企业内部，挖掘富有创新精神或者被选择性遗忘的员工。在企业内部寻找小的创新点，可能研发团队已经在做有趣的事情了，支持他们的计划，这可是一个良好的开端。

变通商业趋势演进

回顾与此相关的以往趋势（2013—2019 年）：

超级社区商业

新型服务技术为人们投资本地企业以及购买地区特色产品提供了便利。

即时创业

随着创业壁垒开始坍塌，各种激励措施与机制纷纷出台，失败的成本与风险也没有以前那么高，大家纷纷怀揣梦想，踏上创业之路。

协同经济

新型商业模式和技术服务平台让消费者与品牌合作共享，创新购物、销售与消费服务体验的模式。

订阅销售

越来越多的企业和零售商提供订阅服务模式，定期向客户销售产品与服务，而不是只做一锤子买卖。

颠覆渠道

创作者与制造商利用新型销售模式颠覆了传统销售渠道，省略了中间商，并与粉丝、消费者建立了更为直接的沟通方式。

反向零售

品牌加大投资力度，重视高接触服务体验，打造品牌亲和力，给予客户技术帮助，线上销售渠道无缝衔接，以确保顺利完成订单交易。

内包孵化

富有开拓创新精神的企业更愿引进大批创新人才，向其展示舒适的公共办公环境和振奋人心的企业宣传片。

时尚疲劳

号称将会震惊世界的伟大发明，让消费者不胜其烦，也不看好其未来前景，认为没什么东西会经久不衰。

创新嫉妒

面对充满未知的未来，企业家嫉妒竞争对手，并以羡慕或绝望的态度对待科技创新。

第三部分

趋势报告回顾

第十四章　如何阅读趋势报告

以史为鉴，可以明事理，过去的事如果以合理的方式排列，可以解释任何事情。

——艾伦·约翰·珀西瓦尔·泰勒（Alan John Percivale Taylor）

想象一下，你可以穿越时空，回到过去，重新体验下十年前的生活。追忆似水流年，面对曾经的世界与信仰，有何感想？也许物是人非，也许涛声依旧。不管怎样，我们大多数人难以拥有这样的机会，见证自己的成长。

每年编写与更新这本书，给我沉醉回忆的机会。回顾过去这十年，发现它真是一份厚礼。曾几何时，我也想写些马后炮的想法。

应该原封不动地保留每一个趋势预测，甚至一字不改吗？十年、二十年或者三十年后，人们看到这些想法能拥有什么机遇呢？我觉得要回答这两个问题，需要更新一些趋势，给出合理解释，但并不改变其含义或动机。

本节列出的各种趋势是想向大家展示文化演进的过程。坦诚地说，根据读者的反馈，每年的趋势都在变得更有洞察力与影响力。但是，趋势并非一直都正确。

以下几页是从2011年至2019年出版的趋势详细汇编。每年我都会回顾之前的趋势，让大家了解报告的重点与主题，然后用字母 A 到 D 对每一个趋势进行评级。

翻开本节，你会发现有些趋势等级为 D（我想你这么做，只是出于好奇），可能会想，为什么没有趋势获得 F 等级呢？

我认为，F 等级应该用来描述完全不准的趋势，本书列出的趋势都不属于这种情况，因为出版的时候，这些趋势并不显而易见。等级为 D 的趋势在预测当年就已经衰败了。

自己很难给自己打分，所以这些趋势等级并非由我决定的。相反，我和我的团队收集了来自世界各地成千上万位专业人士的反馈信息，这些人都曾参加过我的巡回演讲或学术研讨会，还有大批读者给我们写信或者在网上留言，我们也将这些内容与反馈信息结合起来，共同研究。

此外，我们团队一直坚持收集往年预测趋势的最新案例，建立资料储备库，调查每一个趋势在发布之后，会出现多少与之相关的现实案例。

每年对趋势的例行回顾、评级以及点评，让预测更加准确。从失败中吸取教训，就好像获得成功一样，现在你手上的这本书，正是集十年之大成的精心力作。本书的前半部分就曾说过，精心策展趋势的美妙之处就在于，新趋势不会替代旧趋势。相反，我希望这些趋势所蕴含的观点能让你重新思考自己所拥有的机遇，同时提醒大家，虚心求教，把握机遇，才能赢得未来。

不管怎样，趋势都可以激发灵感、鼓励创新。我希望以往趋势的总结可以发挥这两方面的作用，同时以有趣的方式回顾过去十年的研究与思考。

第十五章　历年非显著趋势报告

2011 年非显著趋势报告

第一版《非显著趋势报告》只关注了市场营销和社交媒体趋势。20 页的演示报告讲述了三四个故事，简练地描述了当下社会趋势。尽管内容范围有限，但推出后迅速爆红，公开出版前，浏览量就超过了 10 万次。

其中有几个受欢迎的趋势多次出现。报告首次预测了“内容管理”（Rise of Curation）趋势和“实时公关与客服关怀”趋势，前者描述的是内容营销爆炸式发展的前兆，后者则预测了实时客服将通过社交媒体迅猛发展。此外，还介绍了“极度透明”（Brutal Transparency）趋势和“员工英雄”趋势，表明在营销活动中，品牌的人文关怀与企业运营的透明度在不断地提高。

毫无疑问，在第一份报告中，最受欢迎的趋势是“喜好经济学”，即人们只与自己喜欢的人做生意，这也让我深受鼓舞，并于第二年出版了同名著作。

喜好经济学

人性化设计、企业使命感、创意策划活动以及贴心员工是品牌与产品服务成功的关键，相比缺少同情心的竞争对手，也更具优势。

趋势影响力等级：A

随着越来越多的品牌注重与客户建立良好的合作伙伴关系，此趋势背后所蕴含的人际关系将对社会发展产生深远的影响。

易近名人

现如今，通过社交媒体能接触到社会公众人物、政治家以及职业运动员，这在以前是难以想象的，也让我们更加了解他们的真实性格，甚至可以实现面对面地互动交流。

趋势影响力等级：B

在社交媒体上与社会公众人物互动交流已是家常便饭，这也迫使他们更加注重私人空间，限制陌生人访问权限、屏蔽网络骚扰。

渴求简化

信息超载所带来的问题让用户极度渴望简化操作，希望通过删除好友、寻求基础产品和网站等活动简化工作，实现平衡。

趋势影响力等级：B

当“信息肥胖症”出现时，消费者急需优化管理的操作工具，而不是筛选好友关系或聊天内容。因此，这种趋势的影响力仍未减弱，但用户对其的渴望程度不再那么强烈了。

要素整合

市场营销人员面临的最大问题仍是要素整合，其实现难度高、缺少成功先例。但是，在营销领域想要获得成功，不论有多困难，要素整合是必不可少的。

趋势影响力等级：B

在过去的四年中，要素整合已经成为市场营销人员每天必须解决的关键问题。随着辅助工具与交流平台逐渐增多，此趋势已变为一种标准操作流程。

内容管理

各品牌开始利用策展作为筛选方式，帮助收集整理实用且有趣的素材内容，赢得消费者信任与关注。

趋势影响力等级：A

此趋势成功预测了内容营销的爆炸式发展，并提出品牌应在网上分享自己的专业知识，以赢得消费者信赖。

可视化数据

为了理解实时信息的含义，项目活动经理、媒体机构和品牌开始利用可视化技术分析数据，挖掘背后所蕴含的故事。

趋势影响力等级：B

频繁运用信息图表，让人们对可视化数据心存疑虑，但人性化的用户界面、游戏化的设计效果以及生动的叙事手法吸引了大家的注意力。

众包创新

许多品牌通过众包平台搜集消费者的创意想法，作为回报，颁发荣誉证书或给予经济补偿。同时，也让消费者对品牌有所了解。

趋势影响力等级：C+

解决困难的创意分享平台不断发展，但撰写本趋势时，定位狭隘，只关注了品牌导向，为考虑到其他类型的市场。

实时公关与客服关怀

沟通团队重视实时公关，以便从容应对社会舆论危机，及时处理突发事件，提高客户服务质量，这也让实时交流变得必不可少。

趋势影响力等级：B

最初撰写此趋势时，社会媒体提供客户服务，多是因为深陷舆论漩涡。而现在，已经成为处理客户关系的常规方式了。

网络 App 化

消费者不用登录页面网站，在应用程序上就可以处理个人事务和享受娱乐服务，不论是手机银行，还是网上购物，都推出了相关的应用程序，不再依赖页面网站。

趋势影响力等级：D

应用程序发展迅猛，但认为应用程序是万能的的想法并未出现。相反，不论消费者使用什么型号的电子设备，响应式网页设计都可以搞定。

重塑慈善形象

品牌与企业家推动形成社会慈善的创新模式，重塑慈善活动流程，包括捐赠仪式、公益服务时间和专业技能。

趋势影响力等级：B

本趋势反映出，非营利组织和慈善机构利用数字技术快速发展。虽然影响力还在持续，但发展速度已经逐步放缓，不再是“重新定义”。

员工英雄

各品牌努力培养员工成为问题解决者和技术创新者，以彰显人性化的企业文化理念。在经济全球化的背景下，这样的员工故事也奠定了企业的经营理念。

趋势影响力等级：B

员工在品牌宣传推广中担任形象大使，彰显其对企业的高度忠诚，也让本趋势的涵盖范围迅速扩大，不仅仅局限于科技公司。

获取定位数据

很多消费者会选择分享自己的定位数据，品牌也会根据客户的生活环境发送具有针对性的信息，并在现实生活中创造机会以吸引消费者。

趋势影响力等级：B

移动营销开始提供获取定位数据的选项，但消费者注重隐私保护，担心逛街时会收到垃圾短信。

极度透明

主动坦诚的营销策略创意十足且令人印象深刻，定会获得消费者的青睐。

趋势影响力等级：A

社交平台与内容营销不断发展，提供舞台以供品牌分享不为人知的行业秘密。虽然有些品牌可能不会“极度”诚实，但在消费者心中的信任度将不断提升。

随意上瘾

品牌利用随意内容（译者注：指用户随心写的一些话语）的神秘力量吸引消费者参与，并在活动中，允许大家随意浏览文档中心，发表自己的观点。

趋势影响力等级：D

虽然在某些营销活动中，仍选择性地使用这种创意，但它并不是一种趋势，而是某种潜在趋势的重要组成部分。

热情零售

聪明的零售商让人充满激情，顾客不仅购买产品，还会对购物体验赞不绝口，甚至向自己的亲朋好友推销介绍。

趋势影响力等级：A

社交媒体的崛起让消费者成为品牌的忠实粉丝，不仅愿意花钱购买产品与服务，还充当起品牌的形象代言人。

2012 年非显著趋势报告

在第一版报告成功的基础之上，第二版继续关注市场营销和社交媒体趋势，并广受好评。本报告所涵盖的趋势有“数字遗产”（Digital Afterlife）、“社交孤独”（Social Loneliness）、“企业人文主义”。与第一份相比，这份报告的语言更加通俗易懂，注重文化导向与消费行为。

在这一年中，所撰写的趋势既有热门大事件，也有冷门败笔。描述企业和消费者个性化发展的趋势，基本上都经受住了时间的考验。此外，那一年的少数社会潮流也被证实是离奇古怪的小众概念。例如，“点彩制片”（Pointillist Filmmaking）趋势和“社会艺术行动主义”（Social Activism）趋势的发展前景暗淡，让人大失所望。

这些趋势磨炼意志，助我破茧成蝶，在预测质量与内容细节方面取得了长足进步。

企业人文主义

制定消费者友好型政策与准则，认真倾听顾客意见，展示员工风采，提升企业形象，这都会让企业变得更具人文内涵。

趋势影响力等级：A

这可能是影响力最为深远的趋势，企业采用人性化管理措施，避免千篇一律。

模拟人类

人类学分析主要研究现实生活的交流互动方式，激发创意灵感，研发新型社交软件与产品，模拟人类行为和社交活动，以满足大家的生活需求。

趋势影响力等级：B

虽然本趋势的某些经典案例已经过时，但是企业关注消费者的交流互动方式，并据此制定个性化的产品与服务仍有存在的必要性。

社交孤独

尽管可以在网上交流联系，但在现实生活中还是会感到孤独寂寞，这也让人们更加渴望拥有情同手足的挚友，或者可以有机会与朋友促膝长谈。

趋势影响力等级：A

现实生活中的孤独感依然强烈，对于年轻人来说，数字通信仍是一把“双刃剑”，让大家联系紧密又倍感孤独。

点彩制片

点彩画派就是利用彩点创作艺术作品，此趋势也因此得名。其描述了一种制作电影的合作模式，将大量视频短片剪辑在一起，形成更为完整的长篇故事。

趋势影响力等级：D

此趋势太令人失望了。虽然我非常喜欢这个趋势，但涵盖的范围过于保守，不可能发展成真正的潮流趋势，而应该是某种趋势的重要组成部分。

量化生活

大量的追踪设备获取个人隐私数据，监测和保护生活的方方面面。它们可以让你及时地掌握身体健康状况，了解自身的社会影响力并制定相应的人生目标。

趋势影响力等级：A

2012 年的创意想法已经成了主流趋势，在现实生活中，追踪设备处处可见。毫无疑问，此趋势的影响力正在加剧扩大。

合作策展

合作策展是指业余爱好者与专家在网上通力合作，出谋划策，贡献智慧，多角度思考问题。

趋势影响力等级：B+

尽管最新研发出的软件工具可以轻松整合信息，但是社会普遍认为，合作策展从未取得过实质性的进展，不应对其过于乐观。

慈善参与度

慈善机构开始重新审视快速募捐模式，希望与网络游戏等领域共同合作，实现双赢，以提高民众参与度。

趋势影响力等级：B

虽然慈善机构和非营利组织吸引募捐者参与各种公益活动，但社会慈善活动的影响力远不能弥补短期筹款和长期参与度之间所产生的裂痕。

美第奇营销

我从《美第奇效应》（*The Medici Effect*）中得到灵感，开始撰写此趋势，思考应该如何培养跨学科思维，让市场营销更有吸引力、更具创意、更行之有效。

趋势影响力等级：B+

尽管本书让人爱不释手，但书名略显局限，不适合作为本趋势的名字。此外，市场营销应该具备多学科思维已是社会主流观点。

数字遗产

在过去的一年中，科技公司开始重视数字遗产的继承与保护，研发相关的软件工具，培养技术人才，提供专业服务，确保妥善管理逝者留下的网络权益与财产。

趋势影响力等级：B

此趋势令人失望，看似是未来社会的主流价值理念，但从未引起过大家的共鸣。

实时物流

高新技术企业利用社交媒体所提供的最新市场信息，帮助供应链与物流系统降低成本，实现利益最大化。

趋势影响力等级：A

大型零售商和经销商运用现代物流技术，预判行业未来，并利用综合服务平台和产业数据实现健康快速发展，同时供应链软件也越来越智能化。

社会艺术行动主义

艺术和行动主义的文化融合近年来被人们所熟知，并被命名为艺术行动主义。艺术家发现社交平台可以提高自身吸引力，产生巨大的影响。

趋势影响力等级：C

行动主义经常以艺术的形式展现出来，并通过社交媒体放大自身的影响力，但此趋势不应该仅仅是艺术的社会问题，还应该是创意理念的重要组成部分。

民众参与 2.0

从报告网络信息安全漏洞到提出社区发展建议，数字化工具搭建起百姓与政府沟通的桥梁。

趋势影响力等级：B+

这些年来，民众参与度虽然没有大幅提高，但是已经逐渐习惯了数字化社会治理模式，智能化城市更是推动此趋势加速发展，有望成为未来社会的主流趋势。

标记现实

研发人员利用高清移动相机推出软件工具，对现实生活的一切物品进行标记，解锁交互内容。

趋势影响力等级：D

2012 年，应用领域广泛的二维码和标签将现实世界与网络世界联系起来，看似市场前景广阔，但此趋势未能像最初预测的那样变为现实。

变革众包

现如今，众包模式不单单是信息共享，还能促进社会合作，进而实现个人理想、完成社会改革甚至政治体制改革。

趋势影响力等级：B+

此趋势背后所蕴含的核心理念是，万众一心，其利断金，众包模式不再纸上谈兵，而要付诸实践，其影响力正在不断扩大。

零售剧院

在接下来的一年中，零售商将利用剧院模式打造独特的购物体验感，顾客也能够通过数字化的科技，身临其境地体验店内的商品与音乐。

趋势影响力等级：A

为了改变传统商品陈列的布局方式，以及应对线上零售的崛起，零售商开始打造剧场般的消费体验，增强与消费者的互动沟通，塑造品牌的视觉形象。

2013 年非显著趋势报告

第三年的趋势报告内容更加丰富详尽，全文增加至 100 页，涵盖许多生活中的真实案例及其内容分析。这一版的非显著趋势报告当初没有分成五种类别，以匹配未来趋势发展。因此，我重新整理这份趋势报告，并制作了图标。同年，我还推出了配套的电子书，并在网上销售，介绍应该如何运用这些趋势。

前两版的忠实读者，让这本书刚推出就成为互联网最具影响力的商业畅销书。其中最具影响力的趋势有：“珍贵的印刷品”趋势——实体印刷出版行业的未来发展；“女性权利”趋势——职场女性领袖的崛起；“背景故事”趋势——为什么人们相信会讲故事的企业；“购物优化”（Shoptimization）趋势——在零售购物行业，如何才能更快、更便捷。

当年提出的许多创意想法在社会上引起了强烈反响，并影响了此后数年的趋势预测，甚至为本书策展的大趋势提供了灵感。

年华逝去的乐观

丰富的网络娱乐活动和新型社交平台让人们对“岁月如流，人生几何”充满乐观。

趋势影响力等级：B

对未来发展的乐观态度不曾改变，但人们却越来越担心环境污染、政治冲突和经济全球化等重大问题。

人性化银行

银行的社会信任度逐年下降，为了“悬崖勒马”，彰显其人性化的一面，开始注重提供贴心、细致、周到的服务，与客户建立良好的合作关系。

趋势影响力等级：B

金融危机频繁爆发，银行道德风险难以防控，这都凸显出此趋势的重要性，但银行与客户两个民事主体的不平等正在日益加剧，社会信任危机也仍然存在。

自我众筹

从改变人生的旅行到大学学费，每个人都可以通过众筹争取大家的关注与支持，获得所需要的资金援助。

趋势影响力等级：C

尽管许多众筹平台还在募集资金、投资项目，但此趋势的影响力和发展速度并不如预想的那样乐观。

品牌灵感

品牌通过打动人心的广告瞬间、创意想法和震撼精彩的视觉特效吸引了消费者的眼球，将自身价值理念呈现给世界。

趋势影响力等级：B

虽然此趋势本应该利用经典时刻获得品牌的创意灵感，但现在经常依靠炫酷的视觉特效吸引消费者的眼球，这在 2019 年的“战略奇观”趋势当中也有所体现。

背景故事

研究机构发现，让消费者了解品牌发展历程背后的故事，可以提升客户的忠诚度，掀起购买狂潮。

趋势影响力等级：A

现如今，赢得消费者认可与信赖并非易事。因此，打造品牌故事，阐释品牌理念与使命，必将得到社会的普遍认同。

健康内容

现如今，医患矛盾愈演愈烈，各级医疗机构需要普及简单易懂的医疗卫生常识，消除患者疑虑，满足其求知欲。

趋势影响力等级：A

网络医疗保健知识爆炸式增长，大量权威医疗机构也在网上利用各种形式发布或分享医学健康常识。

非学位学习

在线学习的授课质量大幅提升，许多学生以此替代传统的大学教育。

趋势影响力等级：B+

终身学习者和初入职场的新人希望开阔自己的眼界，丰富自己的阅历，提高处理棘手问题的能力，变得更加聪明睿智，但并不想要学位学历证书。

珍贵的印刷品

在这个“一切皆可数字化”的时代，阅读纸质书籍显得弥足珍贵。

趋势影响力等级：A

在现实生活中，纸质印刷品更珍贵、更具收藏价值，已经引起全社会的广泛关注，并推动此趋势在 2017 年重新回归。

合作出版

雄心壮志的作家缺乏施展才华的舞台，经验丰富的图书出版编辑需要才华横溢的作者和细腻生动的文学作品，二者合作策划了“一起做”出版模式。

趋势影响力等级：B

我和我的妻子从此趋势中获得启发，于 2014 年共同成立了创意出版社。直至今日，此趋势还在影响着出版业的转型升级，但也混入了许多缺乏职业道德、品德败坏的搅局者。

微创新

细节已经成为核心竞争力，产品特点或价格的细微改变，就可以产生难以想象的影响力。

趋势影响力等级：A-

致力于为产品带来增量变化，不断创造价值，将推动许多公司利用细节创新，有时难以察觉但仍然可以操作。

社交可视化

为了便于访问个人数据，技术软件工具允许人们将信息内容可视化，纳入社交资料和网络聊天之中。

趋势影响力等级：A-

可视化数据的软件依然流行。此趋势刚出现时，我们就撰写并推荐给读者了。现在看来，它已经不再符合“非显著”这一特点了，但影响力仍未减弱。

英雄化设计

设计在产品研发、创新思维和策划活动的过程中具有主导作用，可以影响甚至是改变世界。

趋势影响力等级：A

设计理念在实践中不断升华，人类所面对的全球性问题需要别出心裁的解决方案，以至于此趋势的真实案例每年都在不断地更新。

超级社区商业

新型技术服务为人们投资本地企业和购买地区特色产品提供了便利。

趋势影响力等级：B

虽然社区商业依然很重要，但产业化的线上竞争对手及其送货到家的贴心服务，让此趋势的影响力有所下降。

女性权利

商业领袖、流行文化和创新性研究都不约而同地证明了未来世界将由女性领导。

趋势影响力等级：A

在商界和文化领域，女性所扮演的社会角色日趋重要，此趋势的影响力依然惊人，也预示着 2017 年“强势女性”趋势的到来。

购物优化

智能手机逐渐普及，移动应用程序不断推出，以及初创企业飞速扩张，共同提高和优化了线上线下购物服务质量。

趋势影响力等级：A

所有的零售商都在完善移动用户界面、设计智能自助售货机、开发便捷的应用程序以及自助结账机。

2014 年非显著趋势报告

在世界各地的研讨会议上，我频繁地发表演讲，对第四版的趋势报告产生了巨大影响。这份报告吸引了众多忠实读者粉丝，也促使我离开工作了八年之久的奥美集团，创办了自己的咨询公司，成为一名企业家，并打造了出版发行业务板块。在此版报告中，第一次把趋势划分为五类：文化+消费行为，市场营销+社交媒体，经济学+创业，科技+设计，媒体+教育。当时人气最好的趋势有："渴望解脱"（Desperate Detox）趋势——消费者渴望逃离身边无处不在的科技产品；"哗众取宠的策展"（Curated Sensationalism）趋势——哗众取宠的标题屡见不鲜；"订阅销售"趋势——国际知名品牌与产品开始采用订阅营销模式；"价值营销"（Branded Utility）趋势——品牌让营销更高效；"效率狂热"（Obsessive Productivity）趋势——人们想尽一切办法来合理安排自己的时间。今后五年都可以运用这些分类方法。

我和法尔德·琼马尔（Fard Johnmar）合著出版的《电子病人 2015》（*ePatient* 2015）分析了医疗保健类的潮流趋势，此报告也重新整理收录了这些研究成果。

渴望解脱

消费者希望能与他人真诚沟通，有意远离科技而获得片刻理性沉思。

趋势影响力等级：A

在现实生活中，科技无处不在，几乎每周都有类似的真实案例发生，这也促使2017年这种趋势再次出现。

媒体狂欢

在这个“娱乐至上”的时代，任何电子数码产品都安装了在线视频媒体平台，可以随时观看自己喜爱的节目内容，消费者也愿意花钱购买这种便利服务。

趋势影响力等级：B

随着流媒体选项呈指数级增长，人们对熬夜刷剧已经感到厌倦，身体负担过重，不应该每天都按时追剧。

效率狂热

时间管理类的应用程序成千上万，励志讲师的寄语随手可得，这让人们对提高工作效率如痴如醉。

趋势影响力等级：A

不少畅销书都向人们推荐了时间管理的小窍门，但不见成效。许多人在处理日常事务时，会想尽一切办法来节省时间。

小瑕疵，惹人爱

消费者需要真实感，他们对勇于承认自身缺陷的产品、品牌以及公众人物更加信赖与忠诚。

趋势影响力等级：A

从2011年至今，此趋势一直是最受读者欢迎的。我们在2015年的趋势报告中将其重新整理，命名为“接受不完美”趋势；2017 年再次提出，称其为“不完美，惹人爱”（Lovable Un-perfection）趋势。

价值营销

品牌利用内容营销以及营销思维与运营能力的深度融合，加大促销力度，提升消费者的生活价值。

影响力等级：A

随着内容营销不断发展，品牌另辟蹊径，创造价值，答疑解惑，将营销作为教育手段而不仅仅是宣传工具。

共享人文主义

人们开始喜爱充满人情味的生活故事，品牌在市场营销方面投入了更多的精力与时间，社交媒体的内容也融入了真情实感。

趋势影响力等级：C

虽然充满人情味的生活故事非常重要，但此趋势也受到新闻报道戏剧化和“标题党”现象的消极影响，故而大家都不相信这些故事了。

哗众取宠的策展

引人入胜的文章内容配上耸人听闻的标题，带来了百万级的浏览量，导致新闻与娱乐之间的界限日渐模糊，也推动智能策展逐渐取代了传统新闻报道。

趋势影响力等级：A

娱乐媒体继续利用夸张的手法吸引观众，并引领了未来众多流行趋势的发展，如“实践调查”趋势、“操控愤怒”趋势、“战略奇观”趋势。

分散式专业知识

专业知识本身已经更具包容性，学术气息淡薄，可以满足人们在现实生活中的各种需求。

趋势影响力等级：A-

线上教学越来越受欢迎，网络学习平台也在加速发展，这让我们可以随时随地地获取专业知识。

反刻板化

放眼媒体和娱乐领域，传统角色正在发生转变，关于另类生活方式的设想正面临着挑战，定义他人的认知方式也在不断地发展。

趋势影响力等级：A-

案例故事可以帮助我们重新认识人类，发现性别居然是可以改变的，打破了我们长期以来对性别身份的认知，模糊了曾经清晰的界限。

隐私妄想症

数据泄露事件让全球风声鹤唳，政府和高科技公司究竟对我们了解多少，将如何利用我们的信息数据，是否合规合法？

趋势影响力等级：C

虽然公众隐私问题一直是社会舆论关注的焦点，但随着监管管理体系不断完善，政府机构和高科技公司滥用个人数据信息的可能性微乎其微，大家也放下戒心，将个人信息授权交给网络服务平台。

过度量化的生活

可穿戴设备为数据采集提供了新方法，其实用性仅局限于肤浅的信息分析，并不能提供切实可行的建议。

趋势影响力等级：B

虽然从数据中提取有价值的信息并非易事，但是数据分析工具和数据价值化的个人愿望正在帮助我们查漏补缺。

微观设计

可视化交流沟通随处可见，设计赢得了全社会的尊重与认可，对设计人才的需求与日俱增，也让专业设计知识唾手可得。

趋势影响力等级：B

虽然社会对设计专业人才的需求量不断扩大，但此趋势只关注设计资源，涵盖范围有限，不能运用于其他社会领域。

订阅销售

越来越多的企业和零售商提供订阅服务模式，定期向客户销售产品与服务，而不是只做一锤子买卖。

趋势影响力等级：B-

许多行业和品牌开始借鉴订阅销售模式，但是消费者对此已经没有任何兴趣了，他们还是喜欢以前购买商品服务的方式。

即时创业

随着创业壁垒开始坍塌，各种激励措施与机制纷纷出台，失败的成本与风险也没有以前那么高，大家纷纷怀揣梦想，踏上创业之路。

趋势影响力等级：A

创业管理专业吸引了大批优秀人才，世界各国也推动创业成为经济发展的“新引擎”，让其变得更加简单轻松。

协同经济

新型商业模式和技术服务平台让消费者与品牌合作共享，创新购物、销售与消费服务体验的模式。

趋势影响力等级：A

随着所有权概念不断演变，我们已经达到了“共享经济”的顶峰，消费者分享商品的使用权，共享经济规模不断扩大。

2015 年非显著趋势报告

这一年，《非显著趋势报告》首次以精装形式出版，也真正开始火起来，成为《华尔街日报》的畅销书。在此版报告中，我也首次分享了趋势策展的全过程，以前这些内容只会在企业研讨会上分享交流。

除了揭示如何成为趋势策展人以及如何使用干草堆法，本报告还介绍了受到全球媒体关注的流行趋势，其中包括："接受不完美"趋势——人们通常更喜欢天然无雕饰、略有小瑕疵的商品以及富有人情味的领导；"小数据"（Small Data）趋势——消费者在日常生活中收集自己的个人信息数据；"消费者就是明星"趋势——有时候，不切实际的消费者希望自己永远拥有贵宾般的待遇；"有自拍，更自信"趋势——自拍提升自信心，这似乎有违常理。

除了介绍趋势以外，书中还将趋势策展的概念介绍给广大读者，在全球引起强烈反响。这本书已被翻译成六种语言，并邀请我举办巡回演讲以及出席全球各地的学术研讨会。此次成功也为非显著公司（Non Obvious Company）带来了优秀团队人才与商业合作伙伴，提升了研究与策展能力，让未来的非显著趋势报告更璀璨夺目。

消费者就是明星

随着个性化服务内容不断增加，消费者希望每天都可以拥有明星般的服务体验。

趋势影响力等级：A

企业利用大数据分析制定个性化的客户服务体验，消费者的期望值也随之提高，有时近乎不可能。

有自拍，更自信

为了精心打造自己的网络形象，人们把自拍美照上传至社交平台，增强自尊心和自信心。

趋势影响力等级：B

此趋势的本质并没有改变，但塑造网络形象与增强自信心的方式早已改变，在“扩大身份”趋势中有详细介绍。

主流正念

冥想、瑜伽、静坐沉思已经成为个人与企业组织提高能力、保持身体健康和自我激励的主要活动方式。

趋势影响力等级：A

我们不仅在 2017 年的报告中再次推出此趋势，还将其视为全新的思维方式，运用于所有行业。在家庭和工作中，它也是一种提升自我的健康运动。

品牌的乐善好施

企业不光要慈善捐款或塑造公关形象，还要把承担社会责任作为分内之事，并将其置于发展目标的核心地位。

趋势影响力等级：A-

我们首次将品牌关于环境、社会以及商业道德的承诺公之于众。在“目的盈利”趋势中，对这种现象也有介绍。

反向零售

品牌加大投资力度，重视高接触服务体验，打造品牌亲和力，给予客户技术帮助，线上销售渠道无缝衔接，以确保顺利完成订单交易。

趋势影响力等级：A-

从此趋势发布以来，零售商一直致力于打造体验式和沉浸式购物。在 2019 年“战略奇观”趋势中，我们也对此现象进行了进一步分析与研究。

不情愿的推销员

市场营销已不再是单纯的宣传推广，企业领导摒弃传统孤岛思维，拥抱内容营销时代，注重客户服务体验。

趋势影响力等级：B

市场营销理念从推销演变发展而来，涵盖了销售、创新、市场调查和数据分析等多种知识，以至于从业者从不愿意自己被称为营销人员。

精简内容

专注力的持续时间不断缩短，线上线下的各种创作内容呈爆炸式增长，在快速消费的社会环境中，创作者必须精简内容，让人一目了然。

趋势影响力等级：B

一扫而过让创作内容总是那么吸引人。但它是一把“双刃剑”，也可能会让创作者颜面尽失。

迎合心情

随着追踪技术越来越智能化，社交媒体、广告内容以及学习和游戏的沉浸式体验，都可以根据消费者的心情量身定制。

趋势影响力等级：A

人脸识别等新技术的应用领域越来越广泛，会根据消费者的心情，确定是否向其推销宣传产品。这种想法可能会赢得更广泛的关注。

在社交媒体做实验

内容创作者以独特新颖的方式，通过社交实验和现实生活中的互动交流，研究人类的行为方式，最终构建了更为现实有趣的叙述手法。

趋势影响力等级：B-

曾认为社交媒体行为实验将风靡全球。但现如今，震撼惊人、犹如病毒传染般的行为实验早已日渐衰落，此趋势的影响力也开始减弱。

接受不完美

个性化与人性化服务体验受到社会青睐，品牌与创意团队开始关注消费者的性格、癖好以及故作瑕疵，让产品看起来更有人情味、更具吸引力。

趋势影响力等级：A

品牌与企业家勇于承认自身不足，展示脆弱的一面，赢得消费者的信任，引发社会的广泛关注，这也是展现企业人文内涵的关键一步。

预测保护

隐私保护问题越来越受到大家的关注，人们希望科学技术能在日常生活中发挥更重要的作用，研发出更加方便简单的产品、服务与功能，提供更加安全、高效、智能、便捷的生活环境。

趋势影响力等级：A

此趋势是“防护技术”趋势的前兆，也是重要的灵感源泉。在 2017 年“机器人复兴”（Robot Renaissance）趋势中，我们对此也略有探究。

必须要上瘾

设计师和产品经理深入研究习惯形成背后的行为科学，设计出令人上瘾的服务体验，赢得消费者的时间、金钱与忠诚。

趋势影响力等级：A

仔细观察从包装食品到梦幻体育游戏（Fantasy Sports）的发展过程，你就会发现，此趋势的核心是，不论好坏，设计出的服务体验都有无法抗拒的魅力。

小数据

消费者从线上活动中收集自己的数据信息，在某些情况下，这些“小数据”比品牌拥有的“大数据”更有价值。

趋势影响力等级：B

“小数据”潜力巨大，可用于制定个性化服务体验，但未被充分利用。即便我们收集得再多，也很难高效合理地运用“小数据”。

颠覆渠道

创作者与制造商利用新型销售模式颠覆了传统销售渠道，省略了中间商，并与粉丝、消费者建立了更为直接的沟通方式。

趋势影响力等级：A

近年来，此趋势呈爆发式增长，可能会影响多个行业。2018 年，这一核心理念强势回归，成为“变通商业”趋势的“导火线”。

微观消费

随着新型支付模式、消费产品和客户服务体验开始逐渐普及，许多行业尝试微定价与微支付模式。

趋势影响力等级：B

这一趋势仍然显示出巨大潜力。不幸的是，各平台仍然对微货币形式吹毛求疵，微交易还不是社会主流，趋势发展受到阻碍。

2016 年非显著趋势报告

2015 年，第一次出版了《非显著趋势报告》之后，又想回归电子报告了。平常工作繁杂，亲力亲为显得不切实际。因此，在报告出版不到一年之内，又重新整理推出了简装版。这次更新沿袭了往年的传统，介绍了各种新趋势。但是由于时间紧迫，我和我的团队不得不放弃某些趋势，未能深入研究其重要性。

因此，我们决定制定新的工作流程。每年都向前推进，策展十种趋势，更新五种先前的预测，对于已经出版的趋势，也将提供它们的演进过程。

2016年版《非显著趋势报告》给读者带来了许多新理念，比如："自主降级"趋势——消费者会选择功能落后的旧版本产品，这些产品性能好、待机时间长且操作简单；"自动持家"趋势——科学技术应用领域越来越广泛，让年轻人的独立生活更轻松；"虚拟同理心"趋势——科技激发了我们对他人的同理心。

由于考虑不周，本书是第一次也是唯一一次，利用大量真实案例重新回顾前一年的趋势。大多数读者认为这样做有些拖泥带水，没那个必要。为此，在以后的版本中，我们将运用类似本书最后一章的形式分析往年的趋势。

指间冲动购物

尽管人们担心电子商务可能会扼杀冲动购物，但实时营销和智能界面会引诱消费者在网上购物时，瞬间情绪化消费。

趋势影响力等级：A

电子商务技术日益成熟，线上销售利用追加销售、访客找回、捆绑销售等方法，制造机会推动情绪化消费。

自主降级

消费者拒绝产品版本升级，转而选择降级到更为实用、简单且便宜的旧版本。

趋势影响力等级：A

从第一次撰写至今，本趋势已经在互联网上呈现出生命力。消费者开始追求简单、复古的产品，拒绝复杂烦琐。

年华逝去的乐观

（2013 年首次策展）

多年以来，商家一直在兜售抗衰老药品，新时代的老年人开始拥抱变老所带来的好处，乐享生活，度过“第三年纪”的美好时光。

趋势影响力等级：B

这种对未来生活的乐观态度依然还在。但是，由于担心环境污染问题、政治分歧和动荡的全球经济，乐观情绪略有降温。

B2B 营销超越

B2B 电子商务品牌展现自己人性化的一面，从其他行业汲取灵感，向决策者提供更为有效的营销策略：首先是以人为本，其次是细分 B2B 买家。

趋势影响力等级：B

这一趋势令人失望，虽然预测准确，还能精确量化，但发展过程却困难重重，许多 B2B 品牌不愿改变思维方式。

性格配对

行为监测工具绘制出性格地图，利用这一信息，可以把志趣相投的人们联系在一起，更加有效地互动交流。

趋势影响力等级：B

这一趋势潜力巨大，可以根据人们的性格爱好吸引他们的注意力。但是过去几年，由于过于细分受众或试图向其推销产品，趋势资源都浪费了。

价值营销

（2014 年首次策展）

品牌开始注重结合内容营销，进一步融合营销思维与运营能力，提升消费者的生活价值。

趋势影响力等级：A

随着内容营销不断发展，品牌另辟蹊径，创造价值，答疑解惑，将营销作为教育手段而不仅仅是宣传工具。

主流多元文化论

在被忽视多年之后，利基人口统计、多元文化公民及其文化通过与文化传媒的多元化思想相融合，获得了社会广泛认可。

趋势影响力等级：A-

虽然此趋势遭到心胸狭窄的排外主义政客的反对，令人十分不安，但随着时代转变，多元文化已是不可阻挡的世界潮流趋势。

挣来的消费

真实购物体验让消费者努力争取自己的消费权益，通过让其“付钱”，企业建立了客户的参与度与忠诚度。

趋势影响力等级：B

消费者不仅追求社会地位，还希望得到大家的尊重与认可，合适的品牌可能收获满满，但要想留住这类客户的忠诚度仍是一件困难的工作。

反刻板化

（2014 年首次策展）

放眼媒体和娱乐领域，传统角色正在发生转变，关于另类生活方式的设想正面临着挑战，定义他人的认知方式也在不断地发展。

趋势影响力等级：A-

案例故事可以帮助我们重新认识人类，发现性别居然是可以改变的，打破了我们长期以来对性别身份的认知，模糊了曾经清晰的界限。

虚拟同理心

虚拟现实技术与沉浸式技术迅猛发展，开发人员可以讲述更深奥的故事，帮助人们全视野、多角度看待世界，增强对他人的同理心。

趋势影响力等级：A

虚拟现实技术可以提高和量化同理心，这样的真实案例已经不计其数。此趋势受欢迎程度超出我们的意料，以至于在 2018 年，将其再次介绍给读者。

数据泛滥

个人数据与企业数据不断泛滥增长，与公开数据混杂在一起，对自动化分析工具、人工智能、智能策展和创业投资的高效运用带来了全新的挑战。

趋势影响力等级：A

从 2015 年到 2019 年，许多趋势都涉及数据的好与坏，此趋势是这其中之一。很明显，“坏”会让趋势的影响力持续扩大。这种情况实在是太多了。

英雄化设计

(2013 年首次策展)

设计在产品研发、创新思维和策划活动的过程中具有主导作用，它大胆、傲慢，有时甚至用英雄般的方式改变着世界。

趋势影响力等级：A

设计理念在实践中不断升华，人类所面对的全球性问题需要别出心裁的解决方案，以至于此趋势的真实案例每年都在不断地更新。

内包孵化

富有开拓创新精神的企业更愿引进大批创新人才，向其展示舒适的公共办公环境和振奋人心的企业宣传片。

趋势影响力等级：B-

虽然近年这种活动很受欢迎，但效果并不突出，对创新场景的过度关注导致趋势影响力有所下降。在 2019 年的“创新嫉妒”趋势中，我们也提到了这一点。

自动持家

由于成年人日常生活非常忙碌，越来越多的数字化技术与服务帮助我们将生活和工作智能化。

趋势影响力等级：A

各种自动化生活、智能住宅以及预测技术的新工具，正与共享居住模式相结合，可以软性引导新兴成年人，帮助他们在情感和生理方面变得完全独立。

效率狂热

（2014 年首次策展）

由于专注力的持续时间不断缩短，科技创新永无止境，大家恨不得每分每秒都保持着高效的工作状态，这也成为生活的动力源泉。

趋势影响力等级：A

本趋势策展三年之后，人们仍然担心工作效率太慢，想要窃取时间，想尽一切办法来节省时间。

2017 年非显著趋势报告

如果你曾经考虑购买新车，那么就会知道制造商不会每年都设计新的车型。有的年份车型相对没有变化，有的年份则会大幅度更新。这一年是非显著趋势系列的“维护”年，内部设计和格式与 2016 年大同小异。这本书再一次大卖，也第一次在客流量大的地方销售，比如机场书店，有助于扩大读者群体。

很多读者第一次购买就如获至宝，各种语言的译本纷纷面世。同时，我发表演讲与参加研讨会的时间也不断增长。从内容的角度而言，在这一年里，有几种潮流趋势尤为突出，包括：

“消极忠诚”（Passive Loyalty）趋势——消费者的品牌忠诚度开始发生转变；“强势女性”趋势——在文化传媒领域重塑女性形象；“技术隐形”（Invisible Technology）趋势——科技预测人们的需求，悄无声息地融入生活之中。

2017 年，我们首次获得了图书奖：竞争尤为激烈的“公理商业图书奖”的“商业理论图书银牌”。

强势女性

最近几年，强势独立的女性形象不断出现，重新定义了女性气质的概念，也重塑了性别角色。

趋势影响力等级：A

在现实生活中，新闻动态和政治文化氛围改变着人们对女性形象的看法。本书出版以来，每周都有新鲜案例上演，趋势的影响力不言而喻。

离奇偏门

在全球范围内，个人主义盛行，以至于副业兴起，激情点燃创业梦想，重新考虑如何让人们与众不同。

趋势影响力等级：A

人们从自己的爱好、激情甚至是性格怪僻之中挖掘潜在的价值。追求副业的渴望以及个性主义在全球范围内强势崛起，让此趋势在 2019 年重新回归。

渴望解脱

(2014 年首次策展)

尖端科技、嘈杂的社交媒体以及层出不穷的电子数码产品，让生活压力陡增，人们希望按下生活中的“暂停键”，思考过去与未来。

趋势影响力等级：A-

技术饱和让人们有了片刻喘息的机会，应用程序可以让我们与世隔绝，提供无科技地带，享受简单宁静的生活环境。

消极忠诚

消费者对品牌的忠诚度早已今时不同往日，强烈的危机感让品牌不得不有所行动，思考如何培养品牌忠实的消费者。

趋势影响力等级：A

眼光长远的品牌重新设计会员积分系统，用奇闻趣事提升消费者的忠诚度。有鉴于此，我们决定在 2019 年再次推出此趋势。

网红崛起

新一代的内容创作者追名逐利，借助社交媒体创建自己的品牌，吸引眼球，希望成为下一个热门人物。

趋势影响力等级：B

网红仍然是网络世界的重要力量，但为了蹭热度，榨取流量带来的经济利益，毫无道德底线，让消费者对他们所谓的“真实”感到疑惑，早已没了兴趣。

不完美，惹人爱

(2014年首次策展)

如今，成功的营销活动非常重视消费者的性格、癖好以及产品的瑕疵，并与客户建立紧密的联系。

趋势影响力等级：A

品牌与企业家勇于承认自身不足，展示脆弱的一面，赢得消费者的信任，引发社会的广泛关注，这也是展现企业人文内涵的关键一步。

珍藏历史

科学技术为保护历史文化提供了新手段，也改变了我们借鉴与研究历史的经验方式。

趋势影响力等级：A

为防止文物因战争或自然灾害而损毁，必须利用数字化技术，将文物信息永远留存，并建立3D文化遗产图书馆。由此可见，本趋势仍然非常重要。

深入探索

由于专注力的持续时间不断缩短，品牌利用更多的内容吸引消费者的眼球，人们也更喜欢感人励志的故事与经历。

趋势影响力等级：A

人们依旧对发人深省的内容或故事饶有兴致。播客、调查报道、沉浸式电影以及其他服务体验不断吸引着消费者。

珍贵的印刷品

(2013 年首次策展)

由于数字革命，人们与实体物品以及纸质印刷品建立了一种有意义的情感关系。

趋势影响力等级：A

在现实生活中，我们更加重视纸质印刷品，因为它们更有价值、更珍贵。为此，在 2018 年，我们将其融入“值得一触”趋势之中。

技术隐形

尖端技术可以预知需求，保护我们，并提供日常技术服务，同时也在不经意间融入我们的生活之中。

趋势影响力等级：A

科技产品层出不穷，让日常工作与金融交易更便捷、更高效、更便宜。这些优势让本趋势永不过时，也成为“防护技术”趋势的重要组成部分。

机器人复兴

随着实用型机器人开始出现在人们的工作和生活之中，它们的外表和性格与人类几乎完全一样。

趋势影响力等级：A

在机器人“复兴时代”，我们要解决最主要的问题，比如希望机器人做什么？不希望做什么？这些争论和趋势可能会影响未来十年的社会发展。

数据自省

随着科技不断发展，算法和人工智能技术让实时分析平台的运行速度如此之快，以至于从输入到分析再到结论的全过程已实现自动化。

趋势影响力等级：A-

与杞人忧天的“数据泛滥”（Data Overflow）趋势和“数据污染”趋势不同，本趋势提醒我们，分析数据本身也会创造价值——某些事情的迹象已经显现。

登月梦想的企业家精神

新一代的企业家不光关注赚钱，还把社会影响力而非财政状况，作为企业的使命和愿景。

趋势影响力等级：A

全球性问题日益复杂，企业家的社会影响力弥补了政府管理的缺失。受此启发，我们在 2019 年的报告中推出“乐善佳运”趋势。

跨界颠覆

最具创意和影响力的想法有时来自跨界者，他们不因循守旧，行事怪异，颠覆了整个行业。

趋势影响力等级：B

跨界者颠覆了整个行业、国家和全世界。我们预计在未来的十年里，从政治领域到流行音乐领域，这一趋势将继续发挥其影响力。

主流正念

（2015 年首次策展）

冥想、瑜伽、静坐沉思已经成为个人与企业组织提高能力、保持身体健康和自我激励的主要活动方式。

趋势影响力等级：A

自从几年前预测了此趋势，它一直在刻画全行业，阐释全新的思维方式，以及在生活和工作中，引领人们不断地自我提升。

2018 年非显著趋势报告

对于此版本，我聘请了全新的团队，对内容设计进行了升级，更加通俗易懂、美观大方。本书加入了更多的图片，色彩独特，对比鲜明。

本报告中有几个最受欢迎的趋势，包括“实践调查”趋势——相比其他形式，为什么我们更相信面对面的交流；“品牌立场”趋势——乐于分享信仰的品牌，更容易受到消费者的青睐；“光速学习”趋势——为什么我们希望学习速度比以往更快；“操控愤怒”趋势——令人愤怒的新闻传媒文化开始定义个人身份时，会发生什么情况。

2018 年版的报告获得六项商业图书大奖，包括入围了美国市场营销协会（American Marketing Association）久负盛名的伦纳德·贝瑞奖（Leonard L. Berry Marketing Book Prize），这在一定程度上得益于内容更新，以及积极申请各种图书大奖。

实践调查

随着媒体与社会公共机构的信任度不断下降，人们开始通过直接观察或者面对面交流来探寻事情的真相。

趋势影响力等级：A

随着信任危机正在向企业、政府和媒体机构蔓延，此趋势没有停止的迹象，还提供了关键的内部应对机制。

不明性别

传统性别角色定义的转变，让一些人完全排斥性别概念，而另一些人则打算在产品和消费的体验过程中掩盖自己的性别，甚至不愿意透露自己的身份。

趋势影响力等级：A

此趋势不仅发展迅速，同时还促进文化变迁与文化重构，所以我们重新界定和整理升级，推出“无性别化”大趋势。

开明消费

拥有了关于产品和服务的信息，人们选择通过消费方式、工作地点以及投资方式来表达他们的价值观和世界观。

趋势影响力等级：A

此趋势非常重要，因为我们获取实时信息的速度，将评估消费行为对世界所造成的影响。

定向过度

在大数据发展前景的诱惑下，过度细分受众，眼界狭窄，就会不经意间错过大量优质的潜在客户资源。

趋势影响力等级：B

完全没有必要缩小企业的目标受众群体，但在很多情况下，我们最初预测的困难与问题也没有出现。

品牌立场

面对两极分化的媒体氛围，很多品牌都觉得必须要表明观点立场，突出自己的核心价值理念，而不是对所有人都左右逢源。

趋势影响力等级：A

本趋势成功预测之后，出现了许多真实案例，品牌利用这种影响力，增强信任感，传达核心价值理念，培养消费者的忠诚度。

背景故事

(2013 年首次策展)

企业宣传品牌故事，与消费者分享企业的文化、使命以及生存之道。企业的目标是赢得忠诚，并将自己打造成理想的工作场所。

趋势影响力等级：A

如果说有趋势能放之四海而皆准，那就是此趋势了。讲好品牌故事，让品牌脱颖而出，仍是最有效的策略。

操控愤怒

在媒体推广、数据分析和广告宣传的合力作用下，喧嚣吵闹的社会氛围持续不断，其主要目的是在网络和现实生活中，激起人们的愤怒和煽动民族的仇恨情绪。

趋势影响力等级：A

由于受到臭名昭著的企业和损人利己的政客操纵，本趋势依然非常重要。但更糟糕的是，稀里糊涂的媒体火上浇油，加剧了这种现象。

光速学习

碎片化学习模式让教育更高效、更有趣、更吸引人，有助于深入研究某一领域，成为权威的专家学者。

趋势影响力等级：A

本趋势推动企业变革，并产生了积极的社会影响。受此启发，我们推出了“即时知识”大趋势。

虚拟同理心

(2016 年首次策展)

人际交往和尖端技术让沉浸式体验提升大家的同理心，帮助人们摆脱自身的偏见和狭隘的世界观，学会多角度看待世界。

趋势影响力等级：A

这一趋势不断拓展，不仅涵盖了虚拟现实技术，还包括装置艺术、艺术项目、品牌现场体验等真实案例，让人们感受到强烈的同理心。

人味模式

随着自动化不断发展，人们更加渴求具有真实感的个性化服务体验，开始注重产品所提供的建议、服务以及与他人的交流互动。

趋势影响力等级：A

虽然自动化不断发展，但人际交往也越来越重要。在现实生活中，人们愿意为个性化服务支付费用。

数据污染

随着我们创造出众多的方法来量化周围的世界，信息数据也开始逐渐被操纵、污染和破坏，使得我们更难从纷繁复杂的环境中辨别出真正有用的建议与意见。

趋势影响力等级：A

毫无疑问，数据如洪水般泛滥，从海量信息中筛选出有价值的内容并非易事，甚至连人工智能技术也无能为力。

预测保护

（2015 年首次策展）

高科技公司研发了智能互联的产品、服务与功能，可以通过预测客户的需求与行为，保护大家的安全、健康与生活环境。

趋势影响力等级：A

此趋势是“防护技术”大趋势的前兆，也是在 2015 年首次推出之后，第二次出现在非显著趋势报告当中。

平易近人的奢侈品

奢侈品不再是具有独特、稀缺、珍惜等特点的消费品，而成了值得分享、令人难忘且更加务实的人性化服务体验。

趋势影响力等级：A

除了平易近人的奢侈品，还有遥不可及的奢华，我们在2019年的报告中推出这种趋势，并将其命名为“极度富有”（Overwealthy）。

值得一触

数字时代，消费者目不暇接，希望拥有看得见、摸得着的产品与消费体验，急需平静、简单且富有人情味的生活环境。

趋势影响力等级：A

数字化程度越高，触觉体验越重要。有时候，我们只是想要一种更加真实可见的服务体验。

颠覆渠道

(2015年首次策展)

传统分销模式得以彻底改造，企业提高工作效率，与消费者建立更为紧密的联系，并反思自己的商业模式。

趋势影响力等级：A

自从2015年首次预测以来，本趋势的影响力呈爆炸式增长，也成为“变通商业”大趋势的“导火线”。

2019年非显著趋势报告

本报告延续了2018年的设计风格，外观和阅读体验都非常相似。

本版的流行趋势包括："创新嫉妒"趋势——企业之间相互抄袭模仿，而不会独立思考问题；"糊涂阳刚"趋势——"男人"的文化解读在不断变化；"虚拟网红"趋势——我们为何越来越相信虚拟网红；"怀古恋旧"（Retrotrust）趋势——为什么信任自己以前用过的老品牌和经典产品。

新版本还包括定制插画、全新的视觉效果和回顾所有以往趋势的全面附录。就可见性而言，报告和趋势的读者持续增长，受到全世界的热切关注。出版了更多的外文版本，达成了数项翻译协议，我也频繁受邀出席国际学术研讨会并发表专题演讲。演讲的内容主要是过去十年的趋势与个人想法，而不是仅仅某一年的趋势策展过程，这也是在为2019年报告的出版做宣传。

战略奇观

品牌与策划师利用宣传活动吸引消费者的关注，提高客户参与度。

趋势影响力等级：A

举办宣传活动让趋势的影响力依旧。吸引消费者的关注并非易事，同时也是"关注度财富"大趋势的关键因素。

糊涂阳刚

日益高涨的女性赋权运动以及对性别的重新思考，引发人们困惑与焦虑，不知道在当今做个男子汉有何意义。

趋势影响力等级：A

本趋势推出以来，不断有迹象表明，性别混乱问题越发突出，甚至在某些情况下，男人会彻底重估自己的性别身份。

离奇偏门

（2017 年首次策展）

在全球范围内，个人主义盛行，以至于副业兴起，激情点燃创业梦想，越来越欣赏彼此之间的奇特差异。

趋势影响力等级：A

本趋势首次公布以来，世界好像越来越古怪。个人主义盛行，各分支流派迅速发展，很多人都想方设法地表达自己的想法。

虚拟网红

内容创作者、企业和政府机构利用虚拟现实作品改变公众认知与生活方式，并以此推广销售产品，甚至将幻想变为现实。

趋势影响力等级：B

虽然虚拟网红的影响力持续扩大，但人们正以不易察觉且直接的方式抵抗其发展，希望拥有真实感。

怀古恋旧

当前社会信任度降低，消费者正把目光投向历史悠久、文化内涵丰富的品牌，或者能唤醒人们怀旧情怀的产品。

趋势影响力等级：A

从我们首次关注本趋势以来，已经积累了大量的真实案例，对界定“复兴倾向”大趋势发挥了重要作用。

B2B 营销超越

（2016 年首次策展）

B2B 电子营销品牌打破传统，展现其人性化的一面，接触决策者和更广泛的受众群体。

趋势影响力等级：B

这一趋势令人失望，虽然预测准确，还能精确量化，但发展过程却困难重重，许多 B2B 品牌不愿改变思维方式。

时尚疲劳

号称将会震惊世界的伟大发明，让消费者不胜其烦，也不看好其未来前景，认为没什么东西会经久不衰。

趋势影响力等级：A

也许创新和颠覆的速度必然会让本趋势经久不衰，人们肯定会感到审美疲劳，并因此对所有流行时尚感到怀疑。

极端整理

人们为了简化日常生活，会扔掉多余的东西，寻找简单的经验方法来整理自己的数字身份。

趋势影响力等级：A

没有迹象表明，这种为了整洁干净而不顾一切的做法已过时。相反，人们会想尽一切办法来简化、去除“杂物”，整理日常生活。

故意降级

(2016 年首次策展)

如今，高科技产品层出不穷，但消费者更愿意选择操作简单、价格实惠、功能更为强大的旧版本。

趋势影响力等级：A

对原来的“自主降级”趋势稍加改进，便可获得本趋势。消费者跳过版本升级选项，转而选择他们喜爱的产品版本，这种趋势的影响力还在持续扩大。

企业同理心

同理心被称为企业创新与盈利的驱动力，也是产品、招聘和服务体验的差异点。

趋势影响力等级：A

这一趋势是由“虚拟同理心”趋势演变而来的。如此命名此趋势，是为了涵盖所有将同理心作为竞争优势的企业，其数量远超开发研究虚拟现实技术的科技公司。

创新嫉妒

面对充满未知的未来，企业家嫉妒竞争对手，并以羡慕或绝望的态度对待科技创新。

趋势影响力等级：A

这也许是2019年报告中最具人气的趋势，鼓励企业家发起内部创新竞赛，以确保他们不会嫉妒他人的创新成果。

机器人复兴

（2017年首次策展）

随着机器人的外表和性格与人类几乎完全一样，同时也产生了新的问题：我们是如何与科技联系在一起的？

趋势影响力等级：A

在机器人“复兴时代”，我们要解决最主要问题，比如希望机器人做什么？不希望做什么？这些争论和趋势可能会影响未来十年的社会发展。

乐善佳运

人类所面临的最紧迫事情，就是鼓励企业、企业家和个人参与社会公益事业，并对社会发展产生积极影响。

趋势影响力等级：A

企业与品牌乐于参与社会公益事业的实例还有很多，它们迫切希望发挥积极的社会影响，让有责任心的消费者也参与进来。

极度富有

贫富差距越来越严重，让富人们感到内疚惭愧，希望承担社会责任，回报社会。

趋势影响力等级：A

收入差距越拉越大，富人们希望给予帮助，但总是失败。我们没有合适的应对方案解决这类问题，本趋势的未来前景并不乐观。

消极忠诚

（2017 年首次策展）

消费者更换品牌已是小事一桩，企业不得不重新分辨谁是忠实的粉丝，谁不是，以及如何培养忠实的消费者。

趋势影响力等级：A

眼光长远的品牌重新设计会员积分系统，用奇闻趣事提升消费者的忠诚度。有鉴于此，我们决定在 2019 年再次推出此趋势。

总　结

看样子，2880年3月16日将是世界末日。

在第一版《非显著趋势报告》进行收尾工作时，我偶然发现了这种观点。在一篇报道中，科学家声称，2880年3月16日，地球要与编号为1950DA的小行星相撞，那一天有0.3%的概率成为世界末日。

这则报道瞬间让我如梦初醒，它是我们现在遇到的各种预测的完美案例，郑重其事地宣告某种厄运即将发生，大肆渲染，而我们却给不出任何有用的建议，无力回天。

本书的目标之一就是挑战懒惰或显而易见的思维方式，遗憾的是，它们与这些夸张的未来预测一样没用。实际上，以狭隘或肤浅的方式看待世界比预言世界末日更有害，因为不仅会对遥远的未来产生空洞的恐惧，还会让人们做出错误的决定。

这本书并不想从地缘政治的角度讨论2050年风能会让丹麦成为下一个超级大国，也不会猜测现实中无人驾驶技术和飞行汽车会不会让虚拟现实旅行变为可能。这类预测读起来很有趣，有的猜测甚至会成为现实，但大多数肯定是不确定的。

预测未来不应该猜测臆断。

策展趋势就是要了解人们忽略了什么，以及如何培养好奇心与认真思考问题。正如艾萨克·阿西莫夫说的那样，本书希望读者不仅能快速阅读，还要“快速理解”，未来将属于非显著思维者，观察力敏锐，理智地分析行业之间的观点与决策，深刻理解与把握瞬息万变的国际形势。

从现在算起，859 年后，小行星将撞击地球，非显著思维可以拯救我们吗？我希望如此。但是更为紧迫的是，接纳这种思维，改变我们对待生活和工作的方式。面对未来，未雨绸缪，更好地理解当下的潮流趋势——一如既往。

致　谢

写这本书的灵感来源于十年前，当时推出了第一版报告。十年以来，数千万人加入工程浩大的工作当中，他们各抒己见、提出问题以及分享自己的研究成果，帮助报告不断完善更新。所以，我首先必须对积极参与报告撰写的所有人表示感激。

本书能如此畅销，除了读者以外，也要得益于我们才华横溢的专业小队。他们帮助我把海量的论文、手稿和便利贴编辑成册，也就是现在你手里的这本书。因此，我要对他们中的每一位工作人员都表示特别的感谢：

感谢勇敢大胆的编辑吉诺维瓦（Genoveva），自始至终用心工作，感谢你让这本书里的论据更加充足，辨识其中的不足，提供详尽的解读资料，让本书更加完善。

感谢我的编辑团队，包括赫布（Herb）、克里斯蒂娜（Christina）、格雷琴（Gretchen）、特里（Terry）、凯（Kay）、米歇尔（Michele）、贝弗（Bev）、帕雷什（Paresh）、伊莱扎（Eliza）和马修（Matthew），感谢你们一直坚持不懈地工作，给予具有建设性的编辑意见——不论是对于现在这本书，还是以往的版本，都发挥了不可替代的作用。

感谢弗兰克（Frank）、安东（Anton）、杰西卡（Jessica）、乔斯（Joss）、莫林（Maureen）、杰夫（Jeff）、凯利（Kelly），

感谢你们为本书的视觉设计提供专业知识，让它成为一本精雕细刻、温润唯美的好书。

感谢玛莲（Marleen）、彻瑞斯（Chrys）和外国版权团队，感谢你们帮我把这本书带给全世界那么多新读者。

感谢蕾妮（Renee）、凯蒂（Katie），感谢你们帮我把信息传递到世界各地的舞台，安排主题演讲和研讨会，没有你们的大力支持，我将一事无成。

感谢陈一枏（Viveca）、陈亮途（Hugo）和全部中国团队成员，感谢你们帮我把这些趋势想法和非显著思维带到中国市场。

感谢玛妮（Marnie），感谢你所做的一切，让本次以及其他出版计划重回正轨。

感谢里奇（Rich），完美的合作伙伴，时间表排得满满当当，忙到发疯，却能把一切搞定。

感谢我的妻子查薇（Chhavi），在整个写作的过程中，她独自处理好日常家务，让我可以消遁几日，静下心来完成各章节的创作，把我的手稿贴在家里不方便找到的地方，“视觉呈现”各种创意。作为生活伴侣，让我的论据更有说服力，鼓励我大胆想象，让本书背后所承载的十年人生旅程完美精彩。娶到这样一位激励你，带给你灵感的妻子，前途多么美好！

最后，还要感谢我的两个儿子罗翰（Rohan）和杰登（Jaiden），他们对这个世界充满了好奇心，鼓励我多观察、少评判，要全神贯注、认真聆听。大家有时也需要这样的提醒。

索　引

当前趋势用黑体表示，往年趋势用斜体表示。